Eva-Maria Altemöller

*Über die Kunst, nicht mehr ganz so jung zu sein
und doch nie alt zu werden*

Eva-Maria Altemöller

Über die Kunst, nicht mehr ganz so jung zu sein und doch nie alt zu werden

Pattloch

Bibliografische Information Der Deutschen Bibliothek
Die Deutsche Bibliothek verzeichnet diese Publikation in der
Deutschen Nationalbibliografie; detaillierte bibliografische
Daten sind im Internet über http://dnb.ddb.de abrufbar.

Es ist nicht gestattet, Abbildungen dieses Buches zu scannen, in PCs oder
auf CDs zu speichern oder in PCs/Computern zu verändern oder einzeln
oder zusammen mit anderen Bildvorlagen zu manipulieren, es sei denn
mit schriftlicher Genehmigung des Verlages.

© 2006 Pattloch Verlag GmbH & Co. KG, München

Umschlaggestaltung: Atelier Lehmacher, Friedberg (Bay.)
Umschlagfoto: Getty Images/Botanica
Innengestaltung: Elke Martin
Lektorat: Susanne Rick, Bettina Gratzki
Druck und Bindung: GGP Media GmbH, Pößneck
Printed in Germany

ISBN: 978-3-629-10144-0
05 06 04

www.pattloch.de

INHALT

I.
Über das unbändige Vergnügen, nicht mehr zwanzig zu sein –
der Geheimnisse erste Lieferung
Seite 9

II.
Von Kaffeefahrten, Kreuzworträtseln und anderen Dingen,
von denen man tunlichst die Finger lassen sollte –
der Geheimnisse zweite Lieferung
Seite 64

III.
Ewig jung ist nur die Phantasie –
der Geheimnisse dritte Lieferung
Seite 112

IV.
Wie ich auf diese Sache mit dem Morning Mist kam –
der Geheimnisse vierte Lieferung
Seite 149

V.
Der Stein der Weisen oder: Warum die besten Jahre im Leben
die zwischen vierzig und neunundneunzig sind –
der Geheimnisse fünfte Lieferung
Seite 181

VI.
Pubweisheiten – der Geheimnisse ultimative Lieferung
Seite 195

»Wenn ich gewusst hätte, wie wunderbar das Leben mit vierzig wird, hätte ich mir nicht schon fünf Jahre zuvor deswegen einen Kopf gemacht!
Man braucht eine Weile, bis man darauf kommt, dass es entgegen all den verwirrenden, anders lautenden Behauptungen von Jahr zu Jahr schöner wird und reicher.
Und mit fünfzig, scheint mir, geht's erst richtig los, wenn man angeblich das Beste bereits hinter sich hat und sich nur noch zum *Senioren-Kegeln* anmelden kann, weil man vielleicht noch willens, aber keineswegs mehr in der Lage ist, sich mit einer Stundengeschwindigkeit von mehr als 0,000...0...0...02 km/h fortzubewegen.
Was für ein Humbug!
Wann räumt endlich einmal jemand mit diesen Asbach-Uralt-Kamellen auf, frage ich mich!
Es ist alles ganz anders, glaubt mir, ich verstehe inzwischen etwas davon:
Das Beste, Freunde, kommt erst noch!
Bis fünfzig läuft eigentlich nur der Vorspann.«

CHARLOTTE BELL (59),
SCHAUSPIELERIN UND BILDHAUERIN

»Ich bin erst nach und nach dahinter gekommen, dass man übers Älterwerden nur *Ammenmärchen* zu hören bekommt, erfunden von jungen smarten Verkaufsgenies, die ihre *Botox-Ampullen* loswerden wollen, ihre *Pillen und Pülverchen und Push-up-BHs*. Und ihre aus Nilschlamm, pürierten Tiefseealgen und weiß der Henker was sonst noch *zusammengequirlten* Wundermittelchen, mit denen man angeblich über Nacht gleichzeitig fünf Kilo abnehmen und seine Falten wieder glatt bügeln bzw. auch ein paar andere Flurschäden reparieren kann, die der Zahn der Zeit hinterlässt. Aber was wissen diese Burschen denn schon von den Dingen, um die es *wirklich* geht? Nichts, rein gar nichts, behaupte ich! Und ich kann es auch beweisen.

Sie haben davon in etwa so viel Ahnung wie die Queen vom Kartoffelpufferbacken, nämlich *null*, und es wird allerhöchste Zeit, dass da ein paar Dinge ein für alle Mal klargestellt werden.

Es ist nämlich tatsächlich ein *Hochvergnügen*, nicht mehr zwanzig zu sein. Und wenn man es richtig einfädelt und keine allzu groben Fehler begeht, dann lässt es sich mit sechzig, siebzig weitaus entspannter leben als damals mit fünfunddreißig, da noch so viel offen und vage und unsicher war ...«

Sophie Macintosh (54), Charlottes jüngere Schwester, Journalistin und Weltumseglerin

I.
Über das unbändige Vergnügen, nicht mehr zwanzig zu sein – der Geheimnisse erste Lieferung

»Weißt du, Mariechen, man wird weise und wagemutig mit den Jahren und wunderbar gelassen, wenn man nach und nach darauf kommt, was wirklich wichtig ist und worauf man getrost verzichten kann«, sagte Charlotte, während sie aufstand, den summenden Teekessel vom Herd nahm und uns noch eine Kanne ihres besten Darjeelings aufgoss. »Und das, muss ich dir sagen, gehört zu den erstaunlichsten Entdeckungen, die man macht, wenn man das Glück hat, nicht mehr ganz so jung zu sein.«

»Ich jedenfalls«, meinte Charlotte dann, »genieße sie sehr, diese schöne pamperslose Zeit, wenn man endlich aus dem Gröbsten raus ist und in so gut wie jeder Beziehung in ruhigere Fahrwasser kommt. Es lebt sich so viel entspannter, und, ja, auch *intensiver*, wenn man in die Jahre kommt und beginnt, sich auf die Kunst zu verstehen, die Zeit anzuhalten …«

»Und wenn endlich auch diese nagenden Selbstzweifel nachlassen, mit denen man sich herumgeschlagen hat, als man noch jung war und *blöd* und sich Tag für Tag in das allzu enge Korsett des eigenen Perfektionismus gezwängt hat«, fügte Sophie hinzu, die gerade eine riesige, nach Zimt und Mandeln und anderen guten Dingen duftende *Applepie* aus dem Ofen zog.

Wir lauschten eine Weile dem Regen, der nun schon seit Stunden über Ballinamore niederging und der offensichtlich überhaupt gar nicht daran *dachte* aufzuhören. Aber damit muss man in Irland wohl immer rechnen, und so man sich nicht gerade in einem Zweimannzelt oder auf offener Landstraße befindet, sondern warm und trocken in einer gut geheizten Küche sitzt, hat so ein Regen auch seine Meriten – man wartet ab und trinkt Tee und entdeckt dabei die erstaunlichsten Zusammenhänge. So wie wir an diesem Nachmittag, da mich Charlotte Bell und ihre Schwester Sophie aus Dublin abgeholt hatten. Ich kenne die beiden seit etwa hundert Jahren, möglicherweise sogar schon länger, aus einem anderen Leben vielleicht, aber so genau lässt sich das heute nicht mehr feststellen, schätze ich mal. Charlotte und Sophie sind ein paar Jahre älter als ich und sie, die sie zur Woodstock-Generation gehören, haben stets einen entscheidenden Wissensvorsprung mir gegenüber. Und das habe ich immer sehr interessant gefunden. Doch hören wir den beiden einfach weiter zu.

»Eines schönen Tages hat man – Gott sei Dank! – den ganzen Zauber hinter sich«, sagte Sophie gerade, die den Kuchen mitten auf den großen Küchentisch gestellt hatte, an dem wir saßen. »Man beginnt zu leben und sich auch wegen der Kalorien in so einer *Applepie* keinen Kopf mehr zu machen, weil man sie nämlich wie viele andere Dinge, die man plötzlich (wieder-)entdeckt, zu den guten Gaben Gottes zählt. Üblicherweise wird dieser Denkprozess durch die Erkenntnis ausgelöst, dass man sich gut die Hälfte dieses Perfektionismus abschminken kann, ebenso wie ein knappes Drittel seiner Illusionen, weil einem das Leben bis dahin nämlich tüchtig Bescheid gegeben hat.«

»Und dann beginnt man irgendwann fünfe gerade sein zu lassen, steht über den Dingen, regt sich, wenn überhaupt, dann nur noch selten auf (höchstens mal über ein Knöllchen, das man ungerechtfertigterweise bekommen hat) und endlich kapiert man auch, was euer Goethe, der alte Schlaumeier, damals schon gewusst hat: dass man seine Kinder beileibe nicht so formen kann, wie man sich das in den eigenen Träumen so vorstellt. Man ist schon froh, *heilfroh* sogar, wenn man seinen Nachwuchs halbwegs anständig hingekriegt hat. Wer hätte das gedacht, damals, als unsere hoffnungsvollen Sprösslinge so nach und nach eintrafen und wir – blauäugig, wie wir waren – meinten, alles besser machen zu können! Spätestens beim dritten Kind dämmert einem, dass man selbst auch bloß mit Wasser kocht …

Bis vierzig hat das Leben, wie mir scheint, die unangenehme Neigung, einem die *Hammelbeine* lang zu ziehen, aber vielleicht soll das ja auch so sein. Danach jedenfalls wird alles besser. Dann gehen einem jede Menge Lichter auf und man erkennt, dass all die wunderbaren pädagogisch *ach so* wertvollen Ratschläge, von denen diese Elternzeitschriften nur so überquellen, leider den ziemlich entscheidenden Nachteil haben, dass man sie in der Pfeife rauchen kann …

Vielleicht ist ja das der Grund dafür, weshalb man sich zwischen vierzig und fünfzig noch jede Menge Gedanken über die Bande macht, nachts stundenlang wach liegt und sich fragt, was um Himmels willen aus den Gören wohl werden soll, wenn sie so weitermachen und nicht die geringste Lust haben, irgendetwas Gescheites zu lernen. Ich habe jedenfalls damals, daran erinnere ich mich noch sehr genau, meinen Ältesten dereinst als *Stehgeiger* oder als heimatlosen *Karussellbremser* irgendwo am Arm der Welt ein karges Dasein fristen sehen. Aber wie fast alle Ängste, die einem Kopfzerbrechen bereiten, Kopf-Zer-Brechen im wahrsten Wortsinne, hat sich auch diese Furcht ziemlich bald als völlig unbegründet erwiesen … Und ein paar Jährchen später trifft einen ziemlich unvermittelt die Erkenntnis, dass der Nachwuchs ja doch noch halbwegs anständig davongekommen ist, das tut er nämlich immer, wenn auch auf völlig andere Art und Weise als ursprünglich geplant. Und man erkennt, dass das eigentlich auch ganz gut so ist. (Denn Mutter Natur will schließlich keine Klone, sondern neue, frische Ideen und Bewegung und außerdem, glaube ich, hat sie sich die Pubertät bloß ausgedacht, um uns ein wenig aufzumischen.)

Aber vor der Lebensmitte kann man sie selten haben, diese Gewissheit, dass die Kinder ihren Weg schon machen werden …
Und dann, mit fünfzig (plusminus vier, fünf Jahre vielleicht, je nachdem, wann man angefangen hat), ist man *endlich frei*. Dann hat man seinen Erziehungsauftrag erfüllt, kann auch endlich diese Elternzeitschriftenabos abbestellen und sich schließlich daranmachen, die Person zu sein, die man *ist*, und nicht diejenige, die man sein *soll*, die Person nämlich, die jahrzehntelang zu kurz gekommen ist … Dann kommt man so langsam zum Nachdenken. Kommt – *unter vielem anderen übrigens* – auch darauf, dass man nicht unbedingt eine Figur wie ein *Windhund* haben muss, um glücklich zu sein«, bemerkte Sophie, die gerade sehr vorsichtig diesen fabelhaften Kuchen aufschnitt und jeder von uns ein äußerst großzügig bemessenes Stück davon auf den Teller hievte. »Und dass Badezimmerwaagen überhaupt die *Pest* sind«, fuhr sie fort, »weil sie einem schon morgens schlechte Laune machen. Mit vierzig entdeckt man in der Regel auch, dass es ›kleine Schwarze‹ noch in anderen Größen als 36 gibt und dass eine gestandene Frau – übereinstimmenden Aussagen zufolge – darin mindestens ebenso attraktiv aussieht wie einer dieser bleichgesichtigen, ach so coolen *Hungerhaken* vom Kate-Moss-Typ, dem selbst ein Kleid in Größe 34 noch zwei Nummern zu groß ist …«

Wir schwiegen eine Weile und widmeten uns hingebungsvoll dieser unglaublichen Pie, die irgendwie nicht von dieser Welt zu sein schien. Sie bestand zur Hälfte aus Butter und zur anderen aus Magie, schätze ich mal, aber das ist in Irland nichts Ungewöhnliches. Denn Magie begegnet einem auf dieser Insel auf Schritt und Tritt. Wenn man durch die – Gott sei Dank – *nicht* flurbereinigten, von Steinwällen und kilometerlangen Hecken und Hainen durchzogenen Counties wandert, dann hat man zuweilen das Gefühl, eine archaische Landschaft zu betreten. So ungefähr, denke ich, muss die Welt ausgesehen haben, in der die Märchen unserer Kindheit spielten … Irland ist grün, das weiß theoretisch jeder, aber wie grün die Insel *wirklich* ist, kann nur ermessen, wer sich zuweilen das Vergnügen gönnt, dorthin zu reisen und diese Idylle wenigstens zehn, vierzehn Tage zu genießen. Mehr kann man sich sowieso nicht leisten.

Aber Irland, dieser Traum von einer Insel, ist jeden Cent wert, weil wir einen Teil dieses Traumes mit nach Hause nehmen und im Herzen tragen können, bis wir endlich wieder hindürfen … Kein Wunder, sage ich mir manchmal, dass die Iren so katholisch sind. Man kann ja gar nicht anders, als an einen gütigen Schöpfer zu glauben, wenn man einmal, und sei es nur für zehn Minuten,[1] diese blitzende, in strahlendem Sonnenlicht daliegende Landschaft gesehen hat und für den Rest seines Lebens dieses Bild nicht mehr loswird. Wen wundert's, dass die Iren, wie man in Umfragen festgestellt hat, als das glücklichste Volk Europas gelten. Allenthalben auf dem europäischen Festland zerbrechen sich die Soziologen gerade den Kopf darüber, warum das so ist. Warum fahren sie stattdessen nicht einfach mal hin?

Das Erste, was sie feststellen würden, ist, dass die Iren *gerne reden*. Sie haben ein geradezu unbändiges Mitteilungsbedürfnis, das an so gut wie jedem anderen Ort auf diesem Globus als *psychisch auffällig* gelten dürfte, und das ist auch einer der Gründe, weswegen ein Ire eigentlich nur in Irland wirklich zu Hause ist. Schon in Liverpool ist er todunglücklich, aber darüber wundert sich nur, wer nicht weiß, dass zwischen einem Engländer und einem Iren kein engeres verwandtschaftliches Band besteht als zwischen einem Karpfen und einem Pirol. Ein Engländer ist selten in der Lage, zur Unterhaltung mehr beizutragen als ein paar einschlägige Bemerkungen über das Wetter, wobei er es sich angelegen sein lässt, das Offensichtliche zu erwähnen (»Raining again …«), während man in Irland weiß: Nur redend lässt sich die wahre

---

[1] … wesentlich länger scheint die Sonne dort ohnehin nicht am Stück, was bei Licht besehen ein Glück ist, denn sonst hätten die Marketingstrategen dieser Welt, die ein Diplom im Plündern haben, auch dort die traumhaften Strände schon längst mit Bettenburgen zugebaut.

Bedeutung dieser Welt erschließen. Denn ein ausgesprochener Gedanke entwickelt sich völlig anders als ein nur gedachter, der sozusagen im eigenen Saft vor sich hin schmort. Ein Ire aber redet über die Dinge, vorzugsweise bei einem Glas Guinness – und findet so Lösungen, auf die ein schweigender Denker erst gar nicht kommt. [2] Jedenfalls nicht so leicht.

Aber lauschen wir noch ein wenig dem, was Charlotte und Sophie über die Kunst, nicht mehr ganz so jung zu sein, zu sagen haben.

Nur eine echte Irin, denke ich manchmal, kann auf so etwas kommen, und heute bin ich dankbar, dass Charlotte mich im Frühjahr dieses Jahres ganz spontan nach Irland einlud, als ich ihr am Telefon erzählte, dass ich

---

[2] Die Neigung eher kopflastiger Menschen, Selbstgespräche zu führen, ist, wie die Wissenschaft unlängst festgestellt hat, nicht etwa ein Hinweis auf *Schrulligkeit*, sondern im Gegenteil auf eine überdurchschnittliche Intelligenz, da Leute, die mit sich selber reden, die Erfahrung gemacht haben, dass Gedanken sich im Dialog (und sei es auch nur *im Dialog mit sich selbst*) ganz anders entwickeln, als wenn sie nur gedacht werden. Mit dem Schreiben ist es übrigens ähnlich. War ich vielleicht froh, als ich das – in einem der letzten GEO-Hefte, glaube ich – gelesen habe! Ich hatte nämlich schon angefangen, mir ob meiner Selbstgespräche ernsthaft Sorgen zu ma-

mit diesem neuen Buch, das ich mir zu schreiben vorgenommen hatte, irgendwie nicht so recht weiterkam. »Komm einfach auf ein paar Tage rüber«, schlug sie vor. »Du wirst sehen, hier schreibt sich dein Buch von ganz allein.«

Wie Recht sie hatte, sollte ich bald darauf erfahren. Als ich fünf Tage später nach Deutschland zurückflog, hatte ich nicht nur die Taschen voller Flusskiesel, auf denen ziemlich bemerkenswerte Texte standen, sondern auch eine ganze Mappe voller Aufzeichnungen, die ich in den ersten Tagen fieberhaft zu notieren versucht hatte, bis ich schließlich auf die Idee kam, im nahe gelegenen Kinsale, County Cork, einen kleinen Kassettenrekorder zu kaufen. Dieser Idee haben Sie auch zu verdanken, dass

---

chen und war auch bereits geneigt, sie als Hinweis auf beginnende Senilität zu werten. Ein Wunder eigentlich, dass die Jungmacher-Industrie das Thema noch nicht entdeckt und ein neues »Syndrom« daraus zurechtgebastelt hat, gegen das sich dann die entsprechenden Pillen anbieten lassen. Ich schätze aber, dass es nur eine Frage der Zeit ist, bis einer der Marketingstrategen des oben näher beschriebenen Typs auf die Idee kommt, ein so genanntes AES (Attention-Excess-Syndrome, zu Deutsch: Aufmerksamkeits-Überschuss-Syndrom) zu kreieren. Für das es dann ein Mittelchen gibt, das überflüssige intellektuelle Aktivität reduziert …

Sie hier praktisch wortwörtlich nachlesen können, was Charlotte und Sophie – und jede Menge anderer Zeitgenossen, die wir in McCartney's Pub trafen – zu diesem Thema[3] zu sagen hatten. Und das ist nicht eben wenig. Aber lassen Sie sich überraschen!
Doch zurück zu Charlotte und den ›kleinen Schwarzen‹, die sie eben erwähnte. »Außerdem gibt es diese Kleider jetzt auch mit Elasthan«, sagte sie gerade, »und diese praktischen Stretchmaterialien sind nun wirklich das Beste seit Erfindung der Bratkartoffel. Weil sie uns nämlich erlauben, das eine oder andere Löffelchen Rotkohl mehr zu essen, ohne dass es gleich auffällt – und ohne dass man Einschränkungen in seinem Liebesleben zu befürchten hat. Man kommt auch darauf, dass man sich nicht schon morgens um sechse das Herz aus dem Leibe zu joggen braucht, wie diese immer etwas nussknackerhaft wirkenden Fritzen behaupten, die einen stromlinienförmig gestylten Body als das Gelbe vom Ei anpreisen. Und damit Millionen verdienen, nebenbei bemerkt.

---

[3] Die Originale dieser Protokolle können Sie übrigens auch auf Englisch resp. Gälisch nachlesen. Sie sind unter: evaaltemoeller@aol.com abrufbar. Anhand dieser Protokolle können Sie sich dann auch davon überzeugen, dass die Verfasserin dieser Zeilen dem nichts hinzugefügt hat, von ein paar unwesentlichen Details vielleicht einmal abgesehen.

Irgendwie erinnert mich das Profil der Burschen an die Verkehrskasper unserer Kindheit, aber es kann auch sein, dass ich mich da täusche. Wie dem auch sei – ich, für meinen Teil, hab gar keine Lust, *forever young* zu sein, *ich bin sogar sehr gern nicht mehr ganz so jung – denn das hat, mal näher betrachtet, nur Vorteile.* Und auch Peter, mein lieber Mann, der seine Ruhe und seine Hosenträger schätzt, hat mir unlängst erzählt, dass er kein sonderlich großes Interesse daran hat, sich superkluge Ratschläge von Leuten geben zu lassen, die die Weisheit mit Löffeln gefressen haben, die mit fünfzig noch nicht wesentlich anders denken als mit zwanzig und die somit, lass mich mal nachrechnen, die letzten *dreißig Jahre verplempert* haben dürften. Ich meine, worüber kann man sich mit diesen Berufsjugendlichen schon austauschen außer über die billigsten Bezugsquellen für Turnschuhe und Selen und Algen und andere Nahrungsergänzungsmittel, an die sie glauben wie ans liebe Jesulein.[4]

Mein Gott, als ob man nur ein paar Pillen einzuwerfen braucht, um *forever young* zu bleiben! Ein bisschen Yoga, ein bisschen Thai Chi, und schon hat man den Alterungs-

---

[4] Der Vergleich hinkt allerdings, wie Charlotte später einräumte. Denn meistens glauben diese Typen ja auch nicht ans liebe heiligste Herz Jesu. Sondern nur an sich. Und daran, dass sie doch wirklich tolle Hechte sind.

prozess im Griff, denken diese Nussknacker ganz offensichtlich. ›Wenn sie sich da mal nicht geschnitten haben‹, war unlängst Peters lakonischer Kommentar dazu.
›Ich schätze mal, wer mit Ende fünfzig noch nicht kapiert hat, worum es beim Älterwerden wirklich geht, der läuft Gefahr, mit siebzig auch nicht viel klüger zu sein. Und was macht man mit dem Rest seines Lebens, wenn die größte intellektuelle Herausforderung, die einen dann noch erwartet, im Einlegen der Klorolle besteht – um es mal etwas krass auszudrücken. Aber so ist es doch … Wer aber zur rechten Zeit sein Haus bestellt, der kann auch mit neunzig, fünfundneunzig ein glückliches, erfülltes, selbstbestimmtes Leben führen.‹
Unser Vater, denke ich, ist der beste Beweis für Peters Theorie. Er ist jetzt hundertunddrei – und das muss ihm erst mal einer nachmachen … Er fühlt sich immer noch genauso jung wie damals, *mit vierzig, im Juni seines Lebens*. Auch tut er noch genau dasselbe – er lernt seine Rollen auswendig wie eh und je und geht jeden Abend ins Theater zum Soufflieren. Und das ist es möglicherweise, was ihn jung hält. Ich kriege nicht mehr so ganz zusammen, was er da wörtlich sagte, aber wir können ihn nachher im Pub mal fragen«, fügte Charlotte noch hinzu.
»›Wir können nicht viel gegen das Altern tun, aber wir können sehr wohl verhindern, dass wir dabei alt werden‹, hat er mir einmal gesagt und das klingt paradox nur für den, der nicht genauer darüber nachdenkt.«

Immer schön zusehen, dass das Herz keine Falten kriegt

»Es ist noch nicht allzu lange her«, fuhr Charlotte fort, »da habe ich meinen Vater gefragt, ob er noch mal zwanzig sein möchte – und wisst ihr, was er mir antwortete? Darüber habe er eigentlich noch nie so genau nachgedacht. Es sei ja auch eher selten, dass einem eine Fee oder ein anderes zauberisches Wesen die Möglichkeit dazu gebe. Aber seine Antwort lautete: *eher nicht*. Und wenn ich es recht bedenke, kann ich mich seiner Meinung eigentlich nur anschließen. Ich möchte nicht um alles in der Welt noch einmal zwanzig sein.«

»Auch dann nicht«, hakte Sophie nach, »wenn die Fee dir den Verstand von heute dazu anbietet?« Charlotte überlegte einen Moment, doch schließlich schüttelte sie ihre wunderbare, nur von einigen wenigen feinen Silberfäden durchzogene Mähne und fast war mir so, als sähe ich darin Funken aufblitzen.

Charlotte ist jetzt Ende fünfzig, aber sie sieht – ebenso wie Sophie übrigens – immer noch aus wie eine schöne Frau von Mitte vierzig,[5] und meiner Empfindung nach

---

[5] Während ich, die ich erst in ein paar Jahren fünfzig werde, manchmal das Gefühl habe, auf die achtzig zuzugehen. Das liegt schätzungsweise u. a. daran, dass ich *selbstständige* Buch-

sind die beiden mit den Jahren sogar noch schöner geworden. Wenn sie mit ihren inzwischen fast erwachsenen Enkeln Eis essen gehen (was sie immer dann tun, wenn sich die Gelegenheit dazu bietet), werden sie nicht selten auf »ihre Söhne« angesprochen, und das ist etwas, das sie stets sehr amüsiert.

Sie lachen überhaupt gern, die zwei – Lachen, behauptet Charlotte, sei ohnehin das beste Face-Lifting –, und sie scheren sich einen Teufel darum, dass sie dadurch ein paar von den Falten bekommen könnten, die unter der wenig schmeichelhaften Bezeichnung »Krähenfüße« bekannt sind. »Was ist schon so Schlimmes an Falten?«,

---

händlerin bin, was einem in wirtschaftlich nicht gerade einfachen Zeiten ganz schön zusetzen kann. »Niemand, der rechnen kann, wird Buchhändler«, pflegt mein Steuerberater zu sagen und mich dabei ein wenig mitleidig über den Rand seiner Armani-Brille anzuschauen. Er jedenfalls *kann* rechnen, was schon allein daran ablesbar ist, dass er als *Drittauto* ein Mercedes Cabrio in der Garage stehen hat, während ich noch immer mit einem fünfzehn Jahre alten Ford Transit die Pappen zum Wertstoffhof bringe. Alles in allem kann ich froh sein, dass mir in öffentlichen Verkehrsmitteln noch keiner seinen Platz anbietet. Das ist doch schon mal was! Auch freue ich mich, wenn mich einer der Youngsters hinter den Ticketschaltern dieser Welt *nicht* fragt, ob's eine Seniorenkarte sein darf.

fragte Charlotte und schaute mich dabei mit ihren großen, seelenvollen Augen an, die von demselben Kleeblattgrün sind wie die irische Flagge und die Wiesen ihrer Heimat im Mai.[6] »Ist doch alles in Butter, solange sie an den richtigen Stellen sitzen! Hauptsache, das Herz kriegt keine Falten,[7] und das ist doch wohl das Einzige, worauf es ankommt.«

Sophie und Charlotte gehören – wie ihr Vater Daniel O'Neill offensichtlich auch – zu den Menschen, die – egal, wie alt sie tatsächlich sind – auf eine geheimnisvolle Weise immer etwas behalten, was man eigentlich nur mit jungen Leuten in Verbindung bringt. In ihrem

---

Sehen Sie, so ist mein Leben trotz allem voller kleiner Freuden! Grad so wie bei Jean Pauls liebem Schulmeisterlein Wuz, das sich auch auf die Kunst versteht, sich immer über irgendwas zu freuen …

[6] (Na ja, sagen wir mal, von *fast* demselben Maigrün. Eigentlich geht Charlottes Augenfarbe mit ins Waldmeisterhafte, doch ein paar dichterische Übertreibungen sind bei der Verfasserin, die zu einem gewissen Überschwang neigt, nie ganz auszuschließen. Ich nehme deswegen auch schon Tabletten, aber dagegen ist wohl tatsächlich kein Kraut gewachsen.)

[7] »Bloß nicht groß über Falten nachdenken. Das macht Falten. Und außerdem lehrt die Erfahrung, dass mit Leuten, die *keine* Lachfalten haben, nicht gut Kirschen essen ist …« Eine

Blick leuchtet auch noch mit achtzig, neunzig etwas, das sie schön macht.

Aber worin besteht nur das Geheimnis dieser blitzenden Augen, fragte ich mich, als wir an jenem denkwürdigen Nachmittag in Charlottes heller, freundlicher Küche in Ballinamore saßen, Tee tranken und dabei ganz zufällig den »Stein der Weisen« entdecken sollten. Aber das wusste ich zu dem Zeitpunkt noch nicht.

Worin besteht das Geheimnis der Menschen, die offensichtlich immer jung bleiben? Kann ja nicht nur an der Hautcreme liegen!

Es muss noch etwas anderes dahinter stecken, wenn auf Sophies und Charlottes von jeweils etwa fünf Milliarden kabafarbenen Sommersprossen übersäten Buttermilchteints nur wenige Fältchen auszumachen sind!

Cousine der beiden, die in Amerika lebt, berichteten mir Sophie und Charlotte an diesem Nachmittag, habe sich unter ihre zahlreichen Falten für viel Geld *Goretex-Fäden* einziehen lassen, das ist gerade der letzte Schrei in der Schönheitschirurgie, wie man hört. Und seither wisse niemand in der Familie mehr, was man mit ihr noch reden soll.

Es gilt als gesichert, dass Menschen, die es gewohnt sind, ihr Selbstbewusstsein aus ihrer äußeren Erscheinung zu ziehen, schwierig werden, wenn der Lack ab ist und der Putz so langsam bröckelt.

Das liegt, wie Sophie gern behauptet, so man sie darauf anspricht, zu etwa gleichen Teilen an der guten irischen Butter, der gesunden Landluft und dem vielen Regen auf dieser Insel sowie an einer (angeblich) ziemlich ausgeklügelten täglichen *Diät*, in der nicht unerhebliche Mengen Guinness und *Bratkartoffeln* vorkommen.

Aber das stimmt natürlich nicht. Das kann schon allein deswegen nicht stimmen, weil Charlotte im Unterschied zu Sophie erst vor nicht allzu langer Zeit wieder nach Ballinamore zurückgekehrt ist, nachdem sie jahrzehntelang in Amerika gelebt hat, wo Butter (ebenso wie Eier übrigens) als ungesund, dafür aber *Cornflakes* als gesund gelten. Und wo man inzwischen auf die geradezu geniale Idee gekommen ist, *fatfree olive-oil* zu vermarkten, denn Cholesterin[8] betrachtet man in den Staaten gleich nach Karl Marx und Osama bin Laden als Staatsfeind Nummer drei, während nur Zucker und Kohlehydrate gottgefällig sind. Nun, ich will hier nicht über unsere armen amerikanischen Cousins *abätzen*, wie meine Söhne es

---

[8] Der Witz ist ja, dass Olivenöl den Cholesterinspiegel senken hilft, aber das funktioniert wahrscheinlich nur, wenn man die ungesättigten Fettsäuren auch drinlässt, hihi. Und man kommt natürlich verschärft ins Grübeln, wenn man darüber nachdenkt, was da dann noch drin ist in der Flasche, wenn man dem reinen Olivenöl das Öl entzogen hat...

nennen, wenn man an jemandem kein gutes Haar mehr lässt. Die Amerikaner sind nämlich eigentlich alle sehr *nett*, kann ja auch keiner was für seine Regierung, aber sagen wir mal: Amerikanisches Essen stellt wirklich, wie jeder zu berichten weiß, der mal dort war, selbst für die robustesten Naturen die größte Herausforderung dar, um es *ganz* vorsichtig auszudrücken.

Manchmal frage ich mich, wie sie das ewige *All-you-can-eat* nur aushalten! Wo tun die das bloß alles hin? Ich bin öfter mal drüben, weil wir dort sehr liebe Verwandtschaft haben, aber ich mache jedes Mal drei Kreuze, wenn ich wieder nach Hause darf. Wenn ich mir dann allerdings *meinen von E-Nummern gezeichneten Teint* näher begucke, habe ich so meine Zweifel, ob ich diese Flurschäden überhaupt noch mal repariert kriege – doch darüber später mehr. Ich bin nämlich im Zuge der Recherchen zu diesem Thema auf ein paar ziemlich interessante Zusammenhänge zwischen *Chicken-Wings*, Haarausfall, vor-zeitiger Faltenbildung und chronischer Müdigkeit gekommen – doch all das, was ich da herausbekommen habe, passt gar nicht in dieses Buch.

Hören wir uns zunächst an, wie Charlotte ihre Entscheidung begründet, dass sie wirklich nicht noch einmal zwanzig sein möchte.

»Jungsein ist nämlich kein Honiglecken«, sagte sie gerade. »Ist es noch nie gewesen und ist es auch heute nicht – wohlgemerkt.

Denn in den ersten zwei Jahrzehnten unseres Erwachsenenlebens schlägt man sich, wenn ich mich nicht täusche, mit so vielen Dingen herum, die man leider erst im Nachhinein und mindestens fünfzehn Jahre zu spät als unnütz und überflüssig erkennt: mit nächtelangen Beziehungsgesprächen und *Grundsatz*diskussionen zum Beispiel – das waren die schlimmsten, weil sie nie endeten –, mit Problemzonen, Verzweiflungsdiäten und den letzten Ausläufern spätpubertärer Pickel, die just in dem Augenblick aufzublühen beliebten, da man irgendetwas Größeres vorhatte, mit jeder Menge Liebeskummer und dieser Knaus-Ogino[9]-Zählerei, mit Schwangerschaftstests und Blasenentzündungen, die allerdings im Vergleich zu dem, was diese *Stringtangas* heute auszulösen imstande sind, wohl immer noch Gold waren. Vergessen wir auch nicht das leidvolle Thema *Riemchensandaletten*, die wir uns einbildeten, weil sie so schick waren

---

[9] Da seine Heiligkeit, der Papst – bockig, wie Päpste nun mal meistens sind –, partout nur die Knaus-Ogino-Methode mit dem Neuen Testament für vereinbar hält, spielt man im höchst katholischen Irland in der Beziehung so eine Art russisches Roulette. Aber wer weiß, in letzter Zeit mehren sich die Hinweise darauf, dass auf die Länge gesehen (also mal rein rechnerisch, bevölkerungspolitisch gedacht) der Heilige Geist (oder Stuhl oder wer auch immer derlei Weisheiten *ex cathedra* vom

und so sexy, sich aber schon nach den ersten fünfhundert Metern als ebenso bequem erweisen sollten wie ein Paar mittelalterlicher Fußeisen. Wie gut, dass man das alles hinter sich hat, wenn man so langsam ins Birkenstock-Alter kommt«, sagte Charlotte. Und Sophie nickte nur dazu. »Nein, nein, noch mal zwanzig sein und – unter vielem anderen – auch all die mehr oder weniger überflüssigen Prüfungen in Trigonometrie, Differentialrechnung und Statistik noch mal ablegen müssen? *Noch mal?* Ich meine, wer will das schon? Ich habe sie damals schon nur mit Ach und Krach geschafft und hätte heute absolut keine Chance, weil ich den ganzen Zahlenmüll danach stets unverzüglich entsorgt habe.

Glaubt mir: Die Zeit möchte ich nicht um alles in der

Stapel gelassen hat) wieder mal Recht behalten soll: Die Iren haben die höchste Geburtenrate Europas und daher im Unterschied zu uns auch keinen Stress in der Rentenfrage. Drei bis fünf Kinder gelten in diesem äußerst kinderfreundlichen, kinder-*reichen* Land als völlig normal, auch sieben bis acht von diesen hinreißend hübschen Rotznasen sind keinesfalls ungewöhnlich. War wohl nicht nur ein Segen, die Pille, wenn ich mir die Bemerkung erlauben darf. Zumal man inzwischen herausgefunden hat, dass sie den Pegel des Wohlfühlhormons DHEA sehr stark senkt: das heißt, ohne Pille wären wir besser drauf. Toll! Das hätte man mal eher wissen sollen.

Welt noch einmal durchmachen und ich möchte den sehen, der masochistisch genug ist, sich freiwillig ein weiteres Mal durch all die Physik- und Biologie- und Philosophielehrbücher zu quälen. Ich habe heute zuweilen noch Alpträume, in denen ich mich vor die un-

> »Mein Geheimnis?
> Ich guck halt nicht vor zehn Uhr morgens in den Spiegel, und wenn überhaupt, dann nur ohne Brille, was einem günstigen Selbstbild doch sehr förderlich ist.«
> CHARLOTTE (59) – WER SONST?

lösbare Aufgabe gestellt sehe, mein Abitur erneut machen zu müssen, und in meinem Traum kann ich es allein deswegen nicht, weil mir zum Thema ›Jean-Jacques Rousseaus Émile und sein Einfluss auf die französische Revolution‹ partout nichts mehr einfällt, außer vielleicht noch die Anfangszeile der Marseillaise (Allons enfants de la patri-i-e! Le jour de gloire est arrivé!), aber dann verließen sie ihn. Ich wüsste, ehrlich gesagt, nicht einmal mehr, ob dieses ›arrivé‹ nun mit einem oder zwei ees geschrieben wird (die Franzosen sind ja ganz versessen auf den Unterschied) und wohin die ganzen Akzente gehören, mit denen man jenseits des Ärmelkanals diese ohnehin schon verwirrende Sprache verziert, bis sie aussieht wie ein Streuselkuchen. Aber da sieht man mal, wohin es führt, wenn man Froschschenkel isst. Und schon zum Frühstück nichts Handfesteres bekommt als ein Croissant oder eine *tartine,* ein Stück Weißbrot mit Butter und Marmelade, das kultivierte Menschen drüben in ihre Pötte mit Milchkaffee tunken. Aber lassen wir das.

Ich wäre heute auch nicht mehr sonderlich erpicht auf das angeblich so schöne Studentenleben, das der Abiturprüfung in aller Regel folgt, und kann auch ziemlich gut auf all die durchzechten Nächte mit billigen Weinen (aus Flaschen mit Schraubverschlüssen) verzichten und auf die kalten Würstchen aus dem Glas.

Ebenso wie auf all die anderen kulinarischen Fragwürdigkeiten übrigens, auf die man mangels hinreichender finanzieller Mittel verfiel. Jenseits der vierzig stellt man fest, dass die Vorzüge, die das Jungsein angeblich mit sich bringt, doch sehr überschätzt werden. Und jetzt bin ich in dem schönen Alter, da man regelmäßig zu Bett geht und des Morgens aufsteht, frisch wie der junge Tag, oder sagen wir doch *fast* so frisch – und ich muss sagen, das hat auch seine Meriten! Aufwachen und *keine* Kopfschmerzen haben, weil man sich nämlich heute einen anständigen Bordeaux leisten kann – das gehört zu den Vorzügen, in deren Genuss man in der Regel erst kommt, wenn man nicht mehr ganz so jung ist und erkannt hat, dass das Leben zu kurz ist, um schlechten Wein zu trinken. Ich kann auch gut auf all die Open-Air-Konzerte verzichten, bei denen einem fast die Ohren abfielen, was man natürlich nie im Leben zugegeben hätte. Nur Woodstock, ja, Woodstock – *three days of peace and music* – würde ich schon ganz gern noch mal mitmachen, aber das ist auch alles, fürchte ich. Auch auf die zahllosen Sonnenbrände, die man sich damals holte, bin ich nicht mehr scharf (weil man ja möglichst schnell möglichst braun werden wollte) und die höchst abenteuerlichen Urlaube im Zweimannzelt könnt ihr mir auch schenken. Und Motorradtouren ohne Nierenschutz? Vergesst es! Den ganzen Zauber noch mal durchmachen – so wie in ›Und ewig pfeift das Murmeltier‹? Ich glaube, ehrlich gesagt, auch kaum, dass darauf ein Segen liegt. Das letzte Mal, dass einer meines Wissens die Gelegenheit dazu hatte, noch mal zwanzig zu sein, war dieser Dr. Faustus damals und die Sache wäre dann ja auch prompt um ein Haar in die Hose gegangen, wenn euer Goethe, der ein gutes Herz hatte, ihn nicht im letzten Moment gerettet hätte, obwohl dieser Dr. Faustus, der alte Sack, was ganz anderes verdient hätte.«

»Stimmt«, warf Sophie an dieser Stelle ein und ich nickte nur dazu. Charlotte, fanden wir, hatte Recht. Sie hatte ja so was von Recht!

Wir schwiegen eine Weile und überlegten, ob wir uns noch so ein Stückchen von dieser Applepie genehmigen oder lieber zu den Sahnetrüffeln übergehen sollten, die ich aus Deutschland mitgebracht hatte.

»Apropos Hose«, fuhr Charlotte fort. »Mit vierzig, wenn man diesen ganzen Zinnober hinter sich hat, dann hat man unter vielem anderen auch gelernt, dass gemütliche

»Mein Geheimnis?
Mit dem Alter ist es wie mit der Außentemperatur – aufs *Gefühlte* kommt es an! Auf einem sonnenbeschienenen Gipfel kann es noch so kalt sein – das macht einem, schön dick eingepackt, paradoxerweise gar nichts aus. Im Gegenteil! Wenn dich jedoch der Nebel und die Kälte deiner mittleren Jahre beim Wickel hat, friert's dich unter Umständen weitaus mehr. Genauso, *haarscharf* genauso ist es mit dem Älterwerden.
Auf das gefühlte Alter kommt's an. Nicht auf die Jahre, die im Pass stehen.«

John McPherson (68),
Meteorologe und Philosoph. (Aber Philosophen sind die Iren ja eigentlich alle.)

Unterwäsche von bequemer Weite und angenehmem Schnitt zu den guten Gaben Gottes gehört. (Dann besteht wenigstens keine Gefahr mehr, dass man sich wesentliche Teile seiner Anatomie abfriert.) Mit zwanzig kann man das Wort *Rheumatismus* nicht mal buchstabieren und hält es für etwas, von dem *nur Dinosaurier und andere Vorzeitwesen über dreißig* befallen werden, Leute jedenfalls, die so alt sind, dass sie Josephine Baker, Charlie Chaplin und mit etwas Glück sogar (den eingangs bereits mehrfach erwähnten) Goethe noch *live* erlebt haben dürften.

Daran müsst ihr euch doch noch erinnern, ihr zwei! So lange ist das ja nun auch wieder nicht her. Aber andererseits, klar, hat man auch diese Neigung, die Jahre zwischen fünfzehn und fünfunddreißig ein wenig zu verklären. Ganz normal.

Und es war ja auch tatsächlich eine *vergleichsweise* gute Zeit. Man war jung und gesund (bis auf diese Blasenentzündungen) und verfügte auch noch über einen Magen-Darm-Trakt, der ganz locker nicht nur frische Chilischoten, sondern selbst noch ein halbes Dutzend Rasierklingen verdaut hätte. Und außer ein paar Hühneraugen – von denen allerdings die etwas ältere Rock-'n'-Roll-Generation mehr als nur ein paar hatte –, abgesehen von diesen Hühneraugen drückte uns auch nicht allzu viel. Nicht einmal der permanente Geldmangel, der sozusagen zur Grund- und Serienausstattung der 68er gehörte.«

»Was mich an diese Autos erinnert«, begann nun auch Sophie, der alles, was Charlotte uns da in Erinnerung rief, doch sehr einleuchtete. »Diese unsäglichen *Rostlauben*, die wir damals fuhren und die von kaum mehr als ein paar Aufklebern des ›Trau-keinem-über-dreißig‹-

Typs zusammengehalten wurden. Aber im Nu, hast du nicht gesehen, ist man selber dreißig und steht vor der Frage, was man jetzt als anständiger Mensch mit diesen Aufklebern macht. Abknibbeln oder überkleben?

Oder ein neues Auto kaufen? Letzteres fällt in der Regel flach, weil man mit dreißig ja noch zehn nicht eben einfache Jahre vor sich hat. Man hat vielleicht gerade eine Familie gegründet und ein paar Hosenscheißer in die Welt gesetzt, die nun auch Geld kosten, man zahlt Haus- und andere Kredite ab, so dass man kaum noch aus den Augen gucken kann, und stellt am Monatsende traurig fest, dass das nächste Auto wahrscheinlich auch wieder ein Gebrauchtwagen sein wird … Vielleicht ein etwas jüngeres Modell als das vorherige, aber doch eben ein gebrauchtes.

Die allererste Karre, die ich fuhr, hatte zumindest den Vorteil, dass man sich das Geld für den Unterbodenschutz sparen konnte und man zum Bremsen nur noch den Fuß durchs Bodenblech zu strecken brauchte. Und das war eigentlich ganz praktisch. Ich hatte damals auch kein Problem mit der Lüftung in meinem R4: Es zog da-rin nämlich wie *Hechtsuppe* und wenn ich nur daran denke, bekomme ich heute noch ein Reißen im Genick. Dafür funktionierte die höchst eigenwillige Heizung nur dann, wenn sie mal Lust hatte – und sie hatte eben öfter mal keine. Vor allem dann nicht, wenn die Temperaturen unter zehn Grad minus fielen. Dann konnte man zusehen, dass man 1. das Eis nicht nur von der Außen-, sondern eben auch von der *Innen*seite der Windschutzscheibe kratzte und dass man 2. nicht am Sitz festfror, was leicht passieren konnte. Und im Sommer hatte man das Vergnügen, an denselben Sitzen *festzukleben*.«

»Genau! Peter erinnert mich manchmal daran, wie er mich kennen gelernt hat, und peinlicherweise hat er an just diesem Tag ein Foto von mir gemacht, das mich zeigt, wie ich damals, im Juli 1969, an einem ungewöhnlich heißen Tag in Enniskerry meiner Ente entstieg. Das dünne Trägerkleidchen klebte an mir wie das nasse Gewand an der Venus von Milo, nur dass ich eben keine Venus war und somit auch kein sonderlich großes Interesse daran hatte, dieses Gewand meine damals etwas festere Anatomie aufs Unvorteilhafteste abbilden zu lassen. Peter erwischte mich mit der Kamera zu allem Unglück auch noch von der Rückseite und ich schwöre euch, mein Hintern sieht auf diesem Foto nur unwesentlich kleiner aus als das Hinterteil eines belgischen Brauereigauls. Peter fand das Bild allerdings sehr appetitlich, ließ es rahmen und hat es seither auf seinem Schreibtisch stehen, genau da, wo andere, besser erzogene Männer üblicherweise ein sorgfältig von einem Profi abgelichtetes Konterfei ihrer Gattin hinzustellen pflegen, auf dem wir in etwa so aussehen, wie wir wirklich aussehen.

Ach, Kinders! Ich habe sie zuweilen heute noch vor Augen, als sei das alles gestern gewesen – diese viel zu weich gefederten, rissigen Kunstledersitze mit den weißen Paspeln, die sich langsam aufdröselten und einem ins nackte Fleisch schnitten. Nicht einmal Nackenstützen hatten diese Blechkisten damals, die kamen erst viel später auf. Manchmal sieht man noch einen dieser Oldtimer aus längst vergangenen Zeiten mit 25 km/h durch Enniskerry fahren, der Besitzer trägt Hut und ein Kassenmodell aus dem Jahre 1815 auf der Nase (dessen Bügel mit Isolierband geflickt sind) und im Nacken hängt ihm dieses lebensgefährliche Teil. Wahrscheinlich *ahnt* er nicht einmal, dass schon eine Schafherde auf der Straße dazu imstande ist, ihn vom Leben zum Tode zu befördern …[10] Schon allein wegen dieser furchtbaren Autos, die wir damals fuhren und die außerdem alle naselang nach einem neuen Keilriemen oder einer Benzinleitung verlangten, schon allein deswegen bin ich gern vierzig geworden.

---

[10] Wer Irland kennt und mutig genug ist, dort Auto zu fahren, weiß, dass irische Schafe mit Vorliebe mitten auf der Landstraße just hinter einer unübersichtlichen Kurve ein Denk- und Ruhepäuschen einlegen, während das Leitschaf sich gemütlich überlegt, worauf es gerade Appetit hat und welche Wiese als Nächstes drankommt. Zum Thema Autofahren in Irland würde mir jetzt schon noch eine Fußnote einfallen, aber meine Lektorin meint, dass eine Fußnote zu einer Fußnote dann doch etwas zu weit ginge.

Mit vierzig fand ich, dass ich von kochenden Kühlern nun endlich genug hatte, und beschloss, nach all den Gebrauchtwagen zur Abwechslung mal ein *neues* Auto zu kaufen. Und das, muss ich euch sagen, ist wirklich kein leerer Wahn: Ein neues Auto hat doch etwas ungemein Tröstliches. Man fühlt sich plötzlich so sicher. Es riecht auch schon ganz anders, jedenfalls nicht nach seinen kettenrauchenden Vorbesitzern. Es riecht, ja, es riecht *neu* und ein wenig nach Kunststoff, das stimmt schon, jedenfalls aber nicht nach Schaf und Wollfett. Auch funktioniert die Heizung ebenso wunderbar wie der Kassettenrekorder und vielleicht entsteht ja jetzt der Eindruck, dass ich ein bisschen materialistisch eingestellt bin, aber das täuscht. Ich habe es damals, als ich vierzig wurde, einfach nur *genossen*, dass man langsam auch in finanzieller Hinsicht aus dem Gröbsten raus war.

Man unterschätze sie nicht, die *Tröstungen eines Bankkontos, das nicht ständig am Rande des Kreditrahmens entlangschrappt* – und das, my dears, ist ein Aspekt, den man zuweilen gern vergisst.

Das 11. Gebot: Du sollst dir keinen Bären aufbinden lassen

Ich hoffe, ich habe eure Frage, ob ich noch mal zwanzig sein möchte, damit zufriedenstellend beantwortet. Die Argumentation ist lückenlos, schätze ich mal. Das Ganze noch mal von vorn? Danke bestens! Da verzichte ich doch gern zu Gunsten der in eingeweihten Kreisen auch als *Vokuhilas*[11] bekannten Zeitgenossen, die noch mit sechzig den weitgehenden Verlust ihres Haupthaars auf der Schauseite damit auszugleichen versuchen, dass sie ihre Zossen hinten länger wachsen lassen und in einem bleistiftdünnen und tendenziell stets etwas speckigen Pferdeschwänzchen zusammenfassen. Aber ich will jetzt nicht intolerant erscheinen, kann ja jeder nach seiner Façon selig werden, wie euer Alter Fritz gemeint hat …

---

[11] Abk. für »vorne kurz, hinten lang«; merke: So ein Vokuhila fortgeschrittenen Alters außerdem noch Ohrringe trägt und Hemden, Krawatten oder auch Unterhosen mit Mickey-Mäusen drauf, ist das Beste, was eine Frau, die eine solche Nummer gezogen hat, machen kann: Koffer packen und sich vom Acker machen. Denn sonst besteht eventuell die Gefahr, dass sie noch mit Ende fünfzig Hüfthosen zu tragen kriegt und sich überm Steißbein eines jener Tattoos anbringen lassen muss, die unsere Kiddoes als »Arschgeweih« bezeichnen. Und das tut nun

Es lebt sich so viel entspannter, wenn man mit vierzig, fünfzig ein paar von den Dingen, die einem so unglaublich wichtig erschienen, entsorgen kann: *ent*-sorgen im wahrsten Wortsinne.

Mit vierzig fängt man an zu sortieren und auszumisten und wenn man eines schönen Morgens den ganzen Schrott, auch den gedanklichen, auf den Sperrmüll gestellt hat, kann man endlich aufatmen und sich – wie wir bereits festgestellt haben – befreit daranmachen, die Person zu sein, die man *ist*, und nicht die, die man sein *soll*. Man wird viel toleranter – Gott sei Dank auch sich selbst gegenüber – und hört auf, an sich selbst so hohe Ansprüche zu stellen, dass man kaum noch hinterherkommt. Man wird vernünftiger, ruhiger, legt die Latte tiefer und entwickelt unter vielem anderen auch ein etwas gelasseneres Verhältnis gegenüber Haushaltsdin-

---

wirklich nicht Not. Warum unsere Youngsters übrigens ausgerechnet auf diese etwas kryptische Metapher verfallen sind, ist mir ein Rätsel und ich schätze, dass in ein paar Jahrhunderten die Fachleute sich ebenso den Kopf darüber zerbrechen werden wie ich. Das Hirschgeweih gehört seit Jahrtausenden zu den Attributen der Jagdgöttin Diana und möglicherweise handelt es sich um einen Atavismus, der mit der etwas wüsten matriarchalischen Unsitte zusammenhängt, die Männer zu »hörnen« und dann fröhlich durch den Wald zu jagen.

gen, die man lieber vereinfacht, statt wie bisher zu komplizieren. Man hört auch endlich auf, seine Bettlaken zu bügeln – und kauft stattdessen nur noch welche mit Gummizug. Jenseits der vierzig stellt man auch einigermaßen verblüfft fest, dass insbesondere die angeblich ach so zeitsparenden Haushaltsgeräte schon nach kürzester Zeit zu Staubfängern mutieren. Bis man die Dinger eines Tages für die nächste Tombola des Müttergenesungsvereins stiftet. Sollen die doch zusehen, wem sie die nutzlosen Ungetüme als Nächstes andrehen …

Das Ergebnis dieser in der Regel anfallsweise durchgeführten Aufräumaktionen ist, dass man plötzlich sehr viel mehr Zeit hat, *Zeit fürs Wesentliche*. Man beginnt, spielerisch zu denken, und wird spontaner, wie mir scheint, obwohl man Spontaneität ja gern als ein Attribut der Jugend zu betrachten geneigt ist.

Aber man gehe mal mit einer Fünfzehnjährigen ein Paar Jeans kaufen – da ist nichts mehr spontan. Und schon gar nicht *entspannt*, denn für einen Teenager ist so gut wie alles, was mit einer Person über dreißig zu tun hat, nur *peinlich* – vor allem dann, wenn es sich bei diesen Gruftis um die eigenen Erzeuger handelt. Peinlich – allein das Wort spricht schon Bände!

Peinlich, das kommt von Pein alias Schmerz, und die endlose *Pein* entspricht offensichtlich auch dem Lebensgefühl dieser etwas verlorenen Generation, die gerade am Start ist. Manchmal kommt es mir vor, als ob unsere

Ableger in Sachen Lebensfreude in etwa nur noch so viel aufzubringen imstande sind wie ein britischer Bestattungsunternehmer, der immer ein wenig aussieht, als litte er an Hämorrhoiden, wenn er einem mit seiner professionellen Kondolenzmiene die Hand drückt. Und der Vergleich, glaubt mir, passt. Er passt auf geradezu unheimliche Weise.

Die ach so ›coolen‹ Kiddoes von heute haben nämlich *Schiss* – im wahrsten Wortsinne, was schon allein an den Buxen erkennbar ist, die sie gern auf Halbmast tragen

> »Mein Geheimnis?
> Immer schön brav das elfte Gebot beachten:
> ›Du sollst dir keinen Bären aufbinden lassen.‹
> Übers Älterwerden wird von jungen smarten Marketingstrategen so viel Unsinn in Umlauf gebracht, dass ich, so ich einmal einen von den Burschen zu fassen kriege, nicht übel Lust hätte, ihm einen Satz heiße Ohren zu verpassen! Diese Knaben stellen sich offensichtlich vor, dass man sich jenseits der Lebensmitte nicht mal mehr die Schuhe binden kann und seine Zeit nur noch mit dem Studium des Fernsehprogramms und Rosamunde Pilcher in Großdruck verbringt.«
>
> Father Edward O'Neal (69),
> dem wir in McCartney's Pub in Ballinamore
> noch begegnen werden

und die irgendwie so aussehen, als hätten sie die *Hosen voll*, und zwar gestrichen. Und damit, fürchte ich, komme ich der Wahrheit ziemlich nahe. Manchmal frage ich mich, wie man aus dieser Generation einen Funken schlagen will, aber vielleicht täuscht dieser Eindruck ja auch nur.

Und doch: Zuweilen frisst mich der Weltschmerz an, wenn ich sehe, dass sich die Jungs für so gut wie gar nichts mehr begeistern lassen, außer für Unterhosen von Calvin Cline oder wie er heißt. Und das beunruhigt mich schon ein bisschen. Zumal der Bursche selbst vermutlich keine Ahnung hat, wer sein Namensvetter Calvin war … [12]

Und wenn mich nicht alles täuscht, müssen wir auf eine ganz andere Weise älter werden, als unsere Altvordern es noch für angebracht hielten. Denn alleine, denke ich, schaffen die Youngsters das nicht. Wir Wirtschaftswunderkinder, die die Welt ziemlich entscheidend verändert haben, werden wohl auch auf eine ganz andere, neue und ziemlich unkonventionelle Art älter werden. Und es wird uns gut tun und uns möglicherweise sogar so einige Jahre

---

[12] Es ist noch nicht allzu lange her, da kam einer dieser Youngsters in meine Buchhandlung und fragte, ob wir was von Calvin und Hobbes hätten. Ich, nicht faul, strebe begeistert in die Geschichtsabteilung – den Rest der blamablen Story erspare ich mir hier lieber, können Sie sich ohnehin denken …

mehr an Lebenserwartung einbringen … Aber lassen wir die Dinge ganz ruhig auf uns zukommen.
Man steht wirklich über den Dingen, wenn man die erste Hälfte seines Lebens absolviert hat und anfangen kann, zu neuen Ufern aufzubrechen und all das (neu) zu entdecken, woran man vielleicht seit seiner Kindheit nie mehr gedacht hat – und das, glaubt mir, gehört zu den besten Entdeckungen, die das Leben für einen parat hält, wenn man nicht mehr ganz so jung ist. Man entdeckt, worauf man verzichten kann – und wenn man all den Ballast über Bord geworfen hat, liegt das Leben plötzlich ziemlich klar vor einem. Noch mal zwanzig sein? Nie im Leben!«
Wir schwiegen eine Weile, nachdem Charlotte geendet hatte, und lauschten dem Regen, der nun schon seit Stunden über Ballinamore niederging und offensichtlich überhaupt nicht daran *dachte* aufzuhören.
»Obwohl ich schon zugeben muss, dass ich ein paar Dinge heute anders machen würde als früher«, gab Sophie schließlich zu bedenken, nachdem sie die inzwischen vierte Kanne Tee aufgegossen hatte. »Wenn ihr *drei Dinge* in eurem Leben anders machen könntet – die ihr vielleicht zwischen Anfang zwanzig und Ende dreißig in den Sand gesetzt habt –, was würdet ihr dann heute ganz anders machen?«
»Da muss ich nicht lang überlegen«, antwortete Charlotte, während sie sich noch einen Sahnetrüffel aus der

Packung angelte. »Ich bin irgendwann ebenso wie du auf den Trichter gekommen, dass sich die Werte irgendwie zu verschieben beginnen – und zwar weg von dem, was *angeblich* wichtig ist, und wieder zurück zu dem, was *angeblich* unwichtig ist. Man wird so was von immun all den Werbebotschaften dieser Welt gegenüber und inzwischen gilt es auch in Fachkreisen als Tatsache, dass die Kundschaft über vierzig ihren flotten Sprüchen einfach nicht mehr auf den Leim gehen will.

Kurz, wir entwickeln eine gewisse *Medienresistenz*, und das ist etwas, was den Werbefuzzis offensichtlich gar nicht in den Kram passt. Wir werden sozusagen bockig. Und finden plötzlich ganz andere Dinge wichtig als die, die wir für wichtig halten sollten.

Ich würde, wenn ich noch mal zwanzig wäre, viel eher damit anfangen zu leben. Wirklich zu leben. Und mir nicht ständig diese göttlichen Sahnetrüffel verkneifen. Aber das ist nur eines von mindestens zwei Dutzend Dingen, die ich aus heutiger Sicht anders machen würde. Mit dreien käme ich wohl doch nicht so ganz hin, fürchte ich.

Ich würde zum Beispiel ...

1. ... nicht noch einmal so viel Zeit für so *banale* Dinge wie Karrieremachen und/oder Geldverdienen verschwenden. Weil ich nämlich viel eher spitzgekriegt hätte, dass Zeit und nicht Geld zu den wichtigsten Ressourcen gehören, über die wir verfügen.

2. Ich würde auf viel mehr Dinge *ganz einfach pfeifen* – und mit Sophie und den Kindern segeln gehen, sobald das Wetter danach ist.
3. Ich würde überhaupt *keinen Moment mehr zögern zu leben* und mit den Meinen in der Sonne zu sitzen, wenn sich die Gelegenheit dazu ergibt. Und dafür erforderlichenfalls auch den *Alltag schwänzen*.
4. Ich würde mir über weitaus weniger Dinge einen Kopf machen. Und stattdessen öfter einmal *Karussell* fahren.
5. Ich würde mir nie mehr einen Akkuschrauber für zwölfneunundneunzig oder ein T-Shirt für dreifünfzig mit einer Halbwertszeit von jeweils dreizehnkommafünf Minuten kaufen.
6. Ich würde mir keinen Pick-up mehr zulegen, der einen Benzinverbrauch wie ein Mähdrescher hat.
7. Ich würde nicht noch einmal versuchen, ein Abflussrohr mangels Rohrzange mit einem Nussknacker zu öffnen.
8. Ich wüsste, dass ›Spanisch in dreißig Tagen‹ und ›Fünf Kilo in dreien‹ leere Versprechungen sind.
9. Ich würde nur noch sehr wenige Dinge, die angeblich wichtig sind, ernst nehmen.
10. Ich würde übrigens auch ein paar *Gipsköpfe und Pappnasen* nicht mehr ernst nehmen. Und vor allem auf all die Zeitgenossen verzichten, die einen stundenlang mit Informationen darüber zutexten, wo es

was am billigsten gibt. Leuten, die nichts, aber auch gar nichts gelernt haben, würde ich schon mit fünfundzwanzig aus dem Weg zu gehen versuchen. Und nicht bis fünfzig darauf warten.

11. Ich wüsste, dass es besser ist, mit einem guten Menschen verheiratet zu sein als mit einem schönen.
12. Ich wüsste, dass ›Hauptsache, die Kohle stimmt‹ der dümmste Spruch auf Gottes grüner Erde ist.
13. Ich würde weniger meinem Kopf als meiner Intuition vertrauen. Und immer dahin gehen, *wohin mein Herz mich führt.*
14. Ich würde viel mehr und nur noch mit leichtem Gepäck reisen. Und keinen Lockenstab mitnehmen, dafür aber das beste Mückenmittel der Welt: Anti-Brumm.[13]
15. Ich wüsste, dass Kreuzfahrten enorm überschätzt werden. Und dass einem meistens nach 24 Stunden schon furchtbar langweilig wird auf so einem Kahn. Weil es nämlich außer sehr viel Essen, jeder Menge

---

[13] Also bitte, das ist keine Erfindung von mir! Anti-Brumm gibt's wirklich und es heißt auch tatsächlich *Anti-Brumm*. Die zwei Schweizer, die das Mittel entwickelt und dafür einen Preis erhalten haben, kamen auch auf den witzigen Produktnamen, dessen wohltuende Schlichtheit mir richtig ans Herz geht. Ist es nicht tröstlich zu wissen, zu welch wunderbaren

oller Pfeffersäcke und sehr viel Wasser ringsum nichts gibt. Jedenfalls nichts Interessantes.
16. Ich wüsste, dass die *Kinder nun mal sind, wie sie sind*, und nicht, wie wir sie gern hätten.
17. Ich wüsste auch, dass *Männer nun mal sind, wie sie sind*, und dass schon der Versuch, sie dahin zu bringen, wo wir sie gern hätten, strafbar ist, weil ...
18. ... ich nämlich das geniale Buch ›Warum Männer nicht zuhören und Frauen schlecht einparken‹ viel eher gelesen und mir so jede Menge der oben erwähnten endlosen Beziehungsdiskussionen erspart hätte. Ich würde auch Sten Nadolnys wunderbare ›Entdeckung der Langsamkeit‹ eher lesen ...
19. ... dafür aber nie mehr ›Das Schweigen der Lämmer‹.
20. Ich würde auch nie mehr einen Film wie ›Godzilla‹ anschauen.
21. Ich würde weniger shoppen und dafür *öfter picknicken* gehen.

Leistungen unsere schöne Teutsche Frau Muttersprache trotz ihres fortgeschrittenen Alters noch imstande ist? Anti-Brumm, sage ich bloß. (Ich trage es übrigens stets auf, bevor ich den Busen der Natur betrete, denn es hilft auch gegen Zecken und anderes Kroppzeug. Ewiger Dank an die findigen Eidgenossen!)

22. Ich würde nur noch Niveacreme benutzen und die ganzen Grundierungen und wetterfesten Anstriche entsorgen, mit denen eine Frau von Welt sich angeblich ihren Teint imprägnieren soll.
23. Auch würde ich nie mehr zu einem Friseur gehen, der mir versichert, dass Karottenrot eine total *obergeile*, ja geradezu *rattenscharfe* Farbe sei.

Um das zweite Dutzend voll zu machen: Ich wüsste, ...

24. ... dass mit Leuten, die behaupten, hohe Erwartungen an sich und an andere zu stellen, nicht gut Kirschen essen ist. Und ich würde nie mehr versuchen, sie zu beeindrucken. Ich würde aufhören, *perfekt sein zu wollen*. Und nicht bis Mitte vierzig damit warten, mein eigenes Ding zu machen, sondern mit fünfundzwanzig loslegen, spätestens mit dreißig. Ja, ich schätze mal, dass ich heute nicht noch einmal studieren würde, sondern gleich etwas Handfestes lernen würde. Schreiner zum Beispiel. Da sieht man wenigstens jeden Tag, was man gemacht hat.

Ach ja, und noch etwas: Ich würde vor allem damit aufhören, Kalorien zu zählen.«

»Mein Gott, Charlotte, du sprichst mir aus der Seele«, seufzte Sophie. »Ich bin auch erst mit vierzig auf die Idee gekommen, dass so einiges in meinem Leben ebenso überflüssig ist wie ein Kropf. Ich erinnere mich beispielsweise noch genau, dass das Erste, was ich an meinem Vierzigsten entsorgt habe, dieser *Kalorienkompass war*, den ich jahrelang in meiner Handtasche meinte herumschleppen zu müssen, in einer Handtasche, in der ich ohnehin jede Menge Zeug für Notfälle dabeihatte, die dann doch nie eintraten. Vom Nagellackentferner über Trockenshampoo bis hin zum Haarspray – allein mein Schminkbüddel wog ein knappes Kilo, schätze ich mal. Nur das Haarspray ist mir einmal gut zupass gekommen, als ich damit einen alten Knacker abwehrte, der mir an die Wäsche wollte. Der Ärmste ergriff schreiend die Flucht in der irrigen Annahme, er sei nun erblindet. Und doch – den Büddel habe ich auch entsorgt, als ich vierzig wurde, ebenso wie den besagten Kalorienkompass. Und wisst ihr, was seltsam ist? Seit ich mir die *Applepies* und die Sahnetrüffel und all die anderen guten Gaben Gottes nicht mehr versage, habe ich keine Figurprobleme mehr! Seltsam, nicht? Heute weiß ich, dass Kalorienzählen zu den Dingen gehört, die den Lebensgenuss doch sehr trüben, und haue beherzt in meine Bratkartoffeln, die ich früher gescheut habe wie der Teufel das Weihwasser – und nehme doch nicht zu. Oder jedenfalls nicht viel.

Wenn mir eine bestimmte Bluejeans, meine so genannte ›Eichhose‹ nicht mehr passt, tue ich eben eine Weile etwas langsamer, spare hier ein bisschen und ein wenig dort und schon ist wieder alles im grünen Bereich. Das hat sich bestens bewährt und die Technik kann ich nur jedem empfehlen.

Ist doch erstaunlich, auf welch einfache Lösungen man zuweilen kommt, wenn man über dieses verdammt perfektionistische Alter hinweg ist. Seit ich auf diese Sache mit der ›Eichhose‹ gekommen bin, habe ich nie mehr schon morgens schlechte Laune gehabt, während ich früher gleich nach dem Aufstehen schon mit dem Schicksal haderte und mich (bzw. auch Danny,[14] der das schon nicht mehr hören konnte) wieder mal fragte, warum in Gottes Namen man von *hundert* Gramm Schokolade ein ganzes Kilo zunehmen kann!

Die Lizenz dieses Kalorienkompasses, den ich an meinem Geburtstag geradezu *lustvoll* in die Tonne feuerte, kam übrigens aus Deutschland – eine gewisse Gräfin Unzer war, glaube ich, die Urheberin, und da diese Dame wohl offensichtlich adlig ist, waren so plebejische Gerichte wie *Fish and Chips* erst gar nicht darin verzeichnet. Aber wir zählten zwei und zwei zusammen, ergänzten den Kompass um unsere eigene Speisekarte und das Ende vom Lied war, dass wir nie mehr *Fish-'n'- Chips* aßen!

---

[14] Danny ist übrigens Sophies Mann, der ehemalige Olympiareiter Daniel Macintosh, der mit seiner sechzehn Jahre alten Stute Ballinaslow zweimal Gold holte (obwohl Ballinaslow weiß Gott kein guter Name für ein Turnierpferd ist). Danny heißt auch Charlottes Ältester.

Und stattdessen zwanzig Jahre lang Salat pickten – alles nur wegen dieser unseligen deutschen Gräfin mit ihrem Kalorienkompass! (Ich wette übrigens eine Flasche Bushmills,[15] dass sie Protestantin war. Nur Protestanten können so genussfeindlich sein – und da Deutschland ein streckenweise deprimierend protestantisches Land ist, haben die Jungs drüben schon allein deswegen nicht viel zu lachen. Wen wundert's, dass sie so gern nach Irland kommen und sich mit ein paar anständigen Lammkoteletts, jeder Menge *pints* und einer endlich mal anständigen Musik aufpeppeln lassen?

Ich hatte eine Freundin damals, die diesen Kalorienkompass *auswendig* draufhatte und auch gern Kostproben daraus zum Besten gab – zu Nutz und Frommen von uns allen. So wussten wir zum Beispiel, wie viele Kalorien eine Tafel Cadbury's hatte, knapp 600 nämlich, bei gefüllten Modellen konnten es bis zu 750 sein. Wir wussten auch genau, um wie viel uns ein Haferflockenplätzchen in unserem Streben nach dem perfekten Körper zurückwarf.

---

[15] Bushmills ist nebenbei bemerkt ein nordirischer und somit protestantischer Whiskey. Aber in der Republik trinkt man ihn trotzdem. In Sachen Alkohol lässt man nämlich schon mal fünfe gerade sein und übt sich, nicht ganz zur ungetrübten Freude der Geistlichkeit, in ökumenischer Bruderliebe.

> »Tatsächlich ist es wie beim Bergsteigen – es wird vielleicht ein wenig beschwerlicher mit der Zeit, weil die Luft da oben dünner wird (deswegen ist es gut, frühzeitig ein wenig dafür zu trainieren), dafür genießt man von da oben einen *Überblick*, der alle Mühe wert ist. Solange man jung ist, hatscht man erst einmal ohne Plan im Wald herum, aber ab vierzig, oberhalb der Baumgrenze sozusagen, wird's wunderbar.
> Und wenn man von so einer Bergtour zurückkommt, hindert einen nichts daran, zu einer weiteren aufzubrechen, eine neue Sprache zu lernen, ein neues Instrument. Wichtig ist nur eines: immer kleine Schritte machen – genau wie beim Bergsteigen.
> Kleine Schritte sind das Geheimnis.«
>
> Der Arzt und Bergsteiger George Macintosh (79), die irische Antwort auf Luis Trenker.
> Er hat, wie uns der Wirt des Pubs, in dem wir ihn trafen, später mitteilte, neun Kinder im Alter zwischen fünfzig und fünf.

Mein Gott, waren wir Hühner! Brigid, ›Schwester Brigid‹, wie wir sie irgendwann nannten, wusste selbst den Nährwert von einem Teelöffelchen Ketchup und beliebte ihre endlosen Litaneien vorzugsweise dann herunterzuleiern, wenn wir gerade an einer Softeisbude anstanden. Den Namen Schwester Brigid trug sie nicht ganz zu Unrecht, denn sie erinnerte doch sehr an die Lehrerin gleichen Namens, die uns im Katechismus unterwies. Damals, als wir acht waren und noch leicht zu beeindrucken, gab sie uns sehr anschauliche und überaus detaillierte Listen der Qualen mit auf den Lebensweg, die unser im Fegefeuer harrten, wenn wir in der Nase popelten. (Oder unser Abendgebetlein vergaßen oder auch – Gott be-

»Mein Geheimnis?
Guinness, schätze ich mal. Denn *Guinness* ist tatsächlich *good for you*, wie man hierzulande weiß. Ich trinke jeden Abend ein Glas davon, und sonntags auch mal zwei, weil man ja den Sonntag ehren soll. *Danach gehe ich ins Pub.*«
Gilbert O'Connor (86) – mit einem Augenzwinkern hinter blitzenden Brillengläsern

wahre! – eines Samstags nicht zur Beichte gingen.) Und dann kam sie uns noch mit ein paar anderen Dingen, auf die sie sich nur in ziemlich dunklen Andeutungen bezog, die wir jedoch mangels Ahnung nicht verstanden. Jedenfalls nicht richtig. Wir wussten nämlich selber nicht so genau, woher immer die vielen Geschwister kamen, die relativ regelmäßig bei uns daheim eintrudelten. Und welche Maßnahmen im Detail vonnöten waren, damit Papa immer nach neun bis maximal zwölf Monaten wieder mal die Wiege vom Dachboden holen konnte.«

»Eigentlich könne er sie auch gleich unten lassen, hast du einmal vorgeschlagen, erinnere ich mich«, bemerkte Charlotte. »Denn es lohne sich ja gar nicht, den Stubenwagen immer die drei Treppen hochzuschleppen. Stattdessen könntest du ihn in der Zeit, da er nicht benötigt wird, gut für deine Hasen gebrauchen …«

»Aber der Vorschlag traf auf wenig Gegenliebe, ich weiß, ich weiß«, erwiderte Sophie. »Doch um noch mal auf die Kalorien und die endlosen Litaneien zurückzukommen, mit denen wir uns damals herumschlugen: Fritten, lernten wir beispielsweise, kann man sich eigentlich *gleich an die Hüfte schmieren*, denn sie sind *fett*, haben 40 Kalorien pro Stück oder so, die Mayonnaise nicht gerechnet. Die kommt noch mal extra. Ein Klacks hat etwa 160, das weiß ich noch ganz genau. Und Bratkartoffeln seien fast ebenso schlimm. Was haben wir uns verrückt gemacht damals! Eigentlich waren wir ständig auf Diät …

Ich bin erst viel später darauf gekommen, dass man sich dadurch so einiges an schlichter, urtümlicher Lebensfreude versagt hat, so wie Schwester Brigid uns um ein Haar mit ihren Fegefeuergeschichten den Spaß am Sündigen verdorben hätte. Aber das hat sich dann Gott sei Dank gegeben, denn in den irischen Genen ist die Freude am Leben und vor allem auch an der Fortpflanzung ganz offensichtlich stärker ausgeprägt als anderswo in Europa. In Sachen Libido und Bierbrauen waren wir wohl schon immer besser als der Durchschnitt, scheint mir, und deswegen hat uns auch der ausgeprägte Katholizismus mit seiner schon sehr seltsamen Fixierung auf Jungfräulichkeit und Rosenkränze und dem ganzen Gedöns nicht allzu viel anhaben können. Und doch: Wenn ich noch mal zwanzig wäre, gehörten diese Texte sicher zu den

»Mein Geheimnis?
Vielleicht die Pfanne Eier mit Speck,
die mir meine Mathilda jeden Abend brät,
wenn ich von der Arbeit komme.«

Dr. Peter O'Neal (79), ehemaliger Dorfarzt von Ballinaturf, der immer noch seine alten Patienten besucht. Auf die Frage, ob er seine Vitalität eher den Eiern oder der Arbeit zuschreibe, lehnte er sich ein wenig zu uns rüber und flüsterte: »Weder noch. Mathilda ist der Grund.«

Sex and eggs – and ›eggciting‹ tasks – könne er nur jedem raten, der plane, wesentlich älter als 65 zu werden. Setz dich bloss nie zur Ruhe! Ruhestand, findet Dr. O'Neal ist eine gewaltige Verschwendung von Know-how, die wir uns im 21. Jahrhundert ganz einfach nicht mehr erlauben können.

Dingen, die ich gleich auf den Sperrmüll werfen würde. Denn Schwester Brigids Brainwashing war im Prinzip auch nichts anderes als das, was uns die Werbefuzzis dieser Welt tagtäglich einzutrichtern bemüht sind. Ich würde also viel eher anfangen, die wirklich guten Dinge im Leben zu genießen.

Ich würde überhaupt die guten Dinge anders definieren als damals, da wir – wie wir eben gesehen haben – nachgewiesenermaßen jung waren und *blöd* und wie die Schafe einer standardisierten Vorstellung von Glück hinterhertrotteten. Und ich würde mich auch nicht mehr ins Bockshorn jagen lassen von den Schwestern Brigids und den Gräfinnen Unzer dieser Welt.

Vor allem würde ich mir keinen Kopf mehr machen übers Älterwerden, weil ich nämlich inzwischen wüsste, dass das alles ganz anders ist, als man immer behauptet. Jahrelang machen uns die Werbefuzzis eigentlich nur Angst davor, erzählen dir was von vorzeitiger Hautalterung und schwupp, schon haben sie dir eine neue Hautcreme angedreht, mit der man diesen Prozess nicht nur aufhalten, sondern – ei der Daus! – sogar rückgängig machen kann. Ich muss euch sagen, ich bin erst nach und nach darauf gekommen, dass man uns übers Älterwerden jahrelang, *jahrzehntelang* eigentlich bloß *Ammenmärchen* erzählt hat, die sich – wie eingangs bereits erwähnt – ein paar Marketingstrategen um die dreißig aus den Fingern gesogen haben. Und die offensichtlich nur der Vermarktung ihrer Wundermittelchen dienen, mit denen man wieder Haare auf die Glatze oder neues Leben in die Lenden zaubern kann. Man kennt diese Texte inzwischen ja zur Genüge!

Ich kann mir auch sehr gut vorstellen, wie diese Strategen untereinander Wetten abschließen, in denen es darum geht, wer von ihnen dem Ganzen noch eins draufzusetzen und dem Publikum zehn Gramm Muschelkalk oder ein Beutelchen Fischabfälle für neunundneunzig Euro aufs Auge zu drücken imstande ist.

Mein Gott, wir wissen doch alle, wie der Hase läuft! Mit fünfzig macht einem keiner mehr so leicht was vor und in den Heilsbotschaften einer ziemlich smarten Jungmacher-Industrie erkennt man dann auch, was sie eigent-

> »Mein Geheimnis:
> All die vorzugsweise in Apothekenzeitschriften und Reformhausblättchen dargebotenen Weisheiten zum Thema Altern am besten ungelesen entsorgen. Oder auch zusammenknüllen und in der Pfeife rauchen! «
>
> Father Edward O'Neal (69),
> der uns noch einiges erzählen kann

lich sind: Ablassgeschäfte. Moderne Ablassgeschäfte. Tetzel lässt grüßen. ›Wenn die Münz' im Kasten klingt, die Seele aus dem Feuer springt‹ oder so – war das nicht so ähnlich, Mariechen?«

Ich nickte nur und Sophie fügte hinzu: »Es wird allerhöchste Eisenbahn, dass endlich mal wieder einer ein paar Thesen an die Pforte nagelt und diese alten Hüte entsorgt!

Von wegen ›Nachlassen der körperlichen und geistigen Leistungsfähigkeit‹ – mein Gott, die wollen uns doch bloß ihre Treppenlifte verkaufen und ihre verdammten Seniorensessel! Wenn's nach ihnen ginge, würden sie jedes Haus, das einen nicht mehr ganz jugendfrischen Bewohner beherbergt, zu so einer Art *Invalidendom* umbauen. Davon träumen sie wahrscheinlich in ihren schlaflosen Nächten. Es gibt immer mehr Senioren, sagen sie sich, und eigentlich braucht man den Altchen nur einzureden, dass es ein Zeichen beginnender Senilität ist, wenn sie ihre Brille oder ihren Hausschlüssel irgendwie verlegt haben – und schon werden sie ganz flauschig und fressen einem aus der Hand. Ich erinnere mich noch sehr gut an eine Geschichte, die diese Zusammenhänge eindrücklich beleuchtet. In Enniskerry, wo unsere Familie eine Weile wohnte, gab es einen unglaublich geschäftstüchtigen Drogisten, der meiner Mutter irgendwann im Vertrauen und mit gespielter Besorgnis mitteilte: ›Mrs. McEnroe, Ihr Mann gefällt mir in letzter Zeit *überhaupt* nicht.‹ Worauf unsere Mutter ihm prompt entgegnete: ›Mein Mann, Mr. Dundee, gefällt mir schon lange nicht mehr‹, und sich dabei das Lachen nur bis zur nächsten Hausecke verbeißen konnte, hinter der sie schleunigst verschwand. So muss man mit diesen Typen umspringen! Sich ja nicht ins Bockshorn jagen lassen!

Denn diese Fritzen lernen bereits im ersten Semester dieser schmalspurigen Studiengänge, die sie irgendwann mal belegt haben, dass man Zielgruppen nur erfolgreich einzureden braucht, sie seien krank, deprimiert, schwerhörig oder auch nur schwer von Kapee, und schon macht man Millionen mit ominösen Stärkungsmitteln unsicherer Provenienz.

›Fühlen Sie sich müde und abgeschlagen?‹, wird da suggeriert.

Was für eine selten blödsinnige Frage! Jeder fühlt sich, schätze ich mal, nach einem langen Arbeitstag müde und abgeschlagen, egal wie alt er ist. Selbst unser *Hund* fühlt sich hin und wieder ›müde und abgeschlagen‹ und deprimiert, wenn er das Eichhörnchen, dem er gerade nachgejagt ist, wieder mal *nicht* erwischt hat. Das kann man ihm direkt ansehen, dem armen Kerl. Aber aus den täglichen Frustrationen (resp. Frust-Rationen), die ziemlich normal sind, machen die Marketingstrategen einen *Riesen-Hermann* und basteln daraus gern ein *Syndrom* zurecht, das Rückschlüsse auf ›ein Besorgnis erregendes geistiges Nachlassen‹ oder andere Zipperleine zulässt.

So ist man auch auf dieses geniale *Chronische Müdigkeits-Syndrom* verfallen. Und siehe da: Schon zieht sich das Zielobjekt dieser Verkaufsstrategen die erste Lage *Protzsack* (oder wie das Zeug heißt) auf einmal rein. So einfach ist das!

Stimmungsschwankungen? Damit hat ja jeder irgendwann zu tun, schließlich kann man nicht immer gut drauf sein, Highlife die Geige, vor allem dann nicht, wenn man sich wieder mal einen Kopf um die Kinder macht oder auch ums liebe Geld. Oder die Existenz als solche.

Aber inzwischen haben die Werbefuzzis es so weit gebracht, dass man der besseren Hälfte der Menschheit deswegen ein schlechtes Gewissen einredet. PMS! Prämenstruelles Syndrom! Gefahr für Millionen! Irgendwann, schätze ich mal, geht diese PMS-Schote als einer der größten Geniestreiche in die Annalen der Arzneimittelkonzerne ein.

Man mache die Leute krank (alt und traurig), lautet die Grundregel, und wenn du das nicht kannst, mach ihnen wenigstens *Angst davor*, alt, krank und traurig zu werden – und dann verkauf ihnen das Mittel dagegen! Eigentlich ein ganz, ganz simples Rezept.

Jetzt nehmen Millionen von Frauen, die versuchen, gute Mütter und Partnerinnen zu sein, *Pillen* dagegen, dass sie einmal im Monat ein bisschen kribbelig werden, was ja wohl völlig normal ist und auch einen tieferen Sinn hat, wie überhaupt alles, was Mutter Natur, die ja nicht auf den Kopf gefallen ist, sich so ausgedacht hat. Und überdies lassen wir Frauen es uns gefallen, dass wir, so wir einmal einen berechtigten Einwand anbringen oder ganz gern hätten, dass einer den Müll runterbringt, sofort von den männlichen Mitgliedern eines Haushalts mit der hämischen Frage ›PMS, was?‹ konfrontiert werden (und zwar von unseren Männern und peinlicherweise oft auch

von unseren Söhnen). Das haben wir nun davon! Allein deswegen ist es schon wichtig, dass wir diese oberschlauen Profitmaximierer, die sich den ganzen Quark ausgedacht haben, endlich einmal dahin schicken, wo außer Pfeffer nicht viel anderes wächst. Schießen wir die Kerle ganz einfach auf den Mond, wo sie dem Mondschaf auf den Wecker fallen können mit ihrem PMS-Gerede. Denn diese Burschen schaffen es immer wieder, Gerüchte in die Welt zu setzen, die man dann nicht mehr loswird. Wie sagt unser Father Edward gern?
›Kinders – immer das elfte Gebot beachten, das da lautet: Du sollst dir keinen Bären aufbinden lassen!‹ Dieses elfte Gebot [16] gehöre, wie er auf nähere Erkundigung hin gern erklärt, zu den (apokryphen) Geboten, die Moses damals auf dem Berg Sinai zurückließ und die erst unlängst entdeckt wurden. Father Edward konnte sie für eine erstaunlich geringe Summe auf einer internationalen Kunstauktion erwerben, jedenfalls behauptet er das,

---

[16] Unser Erich Kästner ist übrigens auch einst mehr durch Zufall auf eines dieser apokryphen Gebote gestoßen und er hat daraus sein ureigenes »Elftes Gebot« gemacht: »Schlagt eure Zeit nicht tot.« Das sei, wie Father John meint, ein durchaus beherzigenswerter Rat, allerdings handele es sich dabei nicht um das elfte, sondern um das zwölfte Gebot. Offensichtlich sei ein Zählfehler an dieser kleinen Verwechslung schuld.

woraufhin er sich unverzüglich an die Übersetzung der Tafeln gemacht hätte. Leider hätte er jedoch noch nicht ganz eindeutig klären können, ob Moses die Teile einfach nur zu schwer waren oder ob sie ihm nicht so recht in den Kram passten. Wahrscheinlich treffe Letzteres zu, mutmaßt Father Edward, und hat deswegen auch schon ein paar bitterböse Briefe aus Rom bekommen. Aber er bleibt trotzdem am Ball. ›Du sollst dir keinen Bären aufbinden lassen!‹, das ist, wenn man's recht überlegt, tatsächlich der Weisheit letzter Schluss. Und die Leute, die dieses geheimnisvolle Talent zum Jungbleiben haben, scheinen genau das gemeinsam zu haben: *Sie sind unabhängige Geister, kreative, witzige Feuerköpfe* wie Father Edward. Sie zweifeln an den Werbebotschaften dieser Schönen, Neuen Welt, lassen sich kein X für ein U vormachen und entsorgen unverzüglich alles, was ihnen den Blick fürs Wesentliche verstellt. Sie sind dickköpfig und eigensinnig, weil sie nicht das denken, was sie denken sollen, und schon gar nicht kaufen, was sie kaufen sollen. Und vielleicht ist es ja ebendiese Aufmüpfigkeit, die sie jung hält? Nicht auszuschließen. Ich weiß darüber nicht viel mehr zu sagen, denn in Sachen Aufmüpfigkeit habe ich es nie sonderlich weit gebracht – aber warum fragen wir Father Edward nicht selber?«

Charlotte sah auf die Uhr. »Es ist knapp sieben. Um diese Zeit müsste er eigentlich schon da sein – und Peter hat auch versprochen, dass er nach der Arbeit zu McCartney's geht. Auch, denke ich, haben wir gute Chancen, unseren alten Herrn dort anzutreffen. Was meint ihr – gehen wir auf ein Bier?«

So kam es, dass wir an diesem denkwürdigen Tag, an dem mir so langsam all das klar werden sollte, was ich bis dahin nur dumpf geahnt hatte, zu einem Kneipenbummel aufbrachen, in dessen Verlauf mir auch die restlichen Schuppen, die meine Sicht der Dinge beeinträchtigten, von den Augen fielen.

II.
Von Kaffeefahrten, Kreuzworträtseln und anderen Dingen, von denen man tunlichst die Finger lassen sollte – der Geheimnisse zweite Lieferung

»Du wirst sehen, die Iren sind geborene Philosophen! Und das bedeutet, dass du nur in ein ganz durchschnittliches Feld-, Wald- und Wiesen-Pub zu gehen und einfach nur zuzuhören brauchst, was unseren Landsleuten zu dem Thema einfällt – und schon schreibt sich dein Buch von ganz allein«, hatte Charlotte am Telefon gesagt und mich kurzerhand eingeladen, als ich ihr etwas geknickt berichtet hatte, dass ich mit diesem neuen Buch »Über die Kunst, jung zu bleiben« [17] nicht so recht klarkam. Und dass ich es wahrscheinlich nicht schaffen

---

[17] Ich schreibe sowieso mit Vorliebe Bücher über Themen, von denen ich keine Ahnung habe. Das ist so eine Art Spezialität von mir. Aber deswegen schreiben Schriftsteller wohl – weil sie dem, was ihnen rätselhaft ist, selbst auf die Spur kommen wollen und weil, wer schreibt, plötzlich Dinge sieht, die vorher irgendwie nicht da waren. Und das ist das eigentlich Vergnügliche an diesem drittschönsten aller Zeitvertreibe.

würde, bis zu dem immer näher rückenden Abgabetermin etwas zu Papier zu bringen, das über ein paar olle Kamellen und ein paar Sentenzen, die wir alle schon mal gehört haben, hinausginge. Denn schließlich will man ja auch nicht den zweiten Aufguss einer Sache abliefern, den man schon mal gemacht hat.

»Gönn dir einen Tapetenwechsel«, hatte Charlotte vorgeschlagen, »ich wette eine Flasche Bushmills, dass dir die Ideen hier nur so zufliegen. Irland hat diese Wirkung. Euer Heinrich Böll wäre ja auch nicht zu dem geworden, der er war, hätte er nicht hier seine zweite Heimat gefunden.[18] Woran das eigentlich liegt, weiß hier keiner so genau. Tatsache ist jedenfalls: Die Insel wird dir ganz sicher gut tun. Und die Iren haben, wenn du es nur richtig einfädelst, zu so gut wie allem etwas Abschließendes zu sagen.«

---

[18] Bölls »Irisches Tagebuch« gehört immer noch zu den Klassikern der Irland-Literatur, obwohl es »sein Irland« eigentlich gar nicht mehr gibt. Die Insel hat sich in den letzten fünfzehn Jahren schon sehr verändert, seit die EG fand, dass die Iren jetzt auch mal dran sind, und ihnen so einiges an Barem zur Verfügung stellte, was einen beispiellosen wirtschaftlichen Boom auslösen sollte. Das hat nicht nur segensreiche Folgen gehabt, wie zu bemerken nicht umhin kann, wer genau hinguckt.

Aber lassen Sie mich Ihnen die Geschichte von Anfang an erzählen: Als ich mich also an die Arbeit für dieses neue Buch machte, umfasste mein allererstes Brainstorming nur eine Reihe von Assoziationen, die in die sattsam bekannte »*Man-ist-so-alt-wie-man-sich-fühlt*«-Richtung gingen. Und das, sagte ich mir, ist zwar bemerkenswert *richtig*, aber hinter dem *Geheimnis der Menschen, die auch mit 80 noch jung sind, muss doch noch mehr stecken!*

So arbeitete ich mich denn gründlich, wie ich zuweilen bin, durch die inzwischen ziemlich umfangreiche »Anti-Aging«- und »Wellness«-Literatur, die gerade heftig *en vogue* ist. Ich nahm einen ganzen Arm voll davon aus meiner Buchhandlung mit nach Hause, packte auch noch ein paar Veröffentlichungen von diesen Joggingpäpsten (und anderen Zeitgenossen, die offensichtlich die Weisheit mit Löffeln gefressen haben) obendrauf, und das alles in der leider trügerischen Hoffnung, daraus irgendwelche neuen, erhellenden Einsichten zu gewinnen. Ich will nicht so weit gehen, die Lektüre als Schlag in den Ofen zu bezeichnen, aber ungefähr darauf lief es hinaus …

Ich fand, dass in der kompletten Anti-Aging-Literatur das Thema Gesundheit im Alter in einer unheimlichen, ja geradezu unerträglichen Weise auf eine Funktion von Vitaminen und Spurenelementen und ein bisschen Autosuggestion reduziert wird. Nach dem Motto: *Nimm Q10 und Selen und gut is.*

Dann noch ein bisschen *Spinning*, [19] ein bisschen *take it easy*, *keep smiling* und *positive thinking* zur Stressreduktion und fertig ist die Laube. Mehr muss man gar nicht tun. Wenn man alles richtig macht, täglich brav seine Vitamine schluckt, kann man theoretisch steinalt werden, immer unter der Voraussetzung natürlich, dass man nicht raucht, trinkt, kifft oder Steuern hinterzieht. Und immer schön vor Mitternacht ins Bett geht.

Was für ein Schmarren! Was für ein gottverdammter Schmarren wird da propagiert! Ich wusste noch nicht genau, warum ich fand, dass das alles komplett am Thema vorbeiging, aber mein Gefühl sagte, dass daran etwas nicht stimmte. Etwas ganz Entscheidendes fehlte hier. Das eigentlich Wesentliche nämlich.

So beschloss ich, planmäßig vorzugehen, und besorgte mir unter anderem noch jede Menge Apotheken- und Reformhausblättchen, nur um festzustellen, dass sie im Grunde genommen nichts anderes brachten. Da ging es letztlich auch um nicht viel mehr als Vitamine und Nahrungsergänzungsmittel und irgendwelche Pülverchen

---

[19] Spinning ist eine Sportart, bei der man auf Standrennrädern ganz furchtbar schnell zu radeln hat, so als wär der Teufel hinter einem her. Dazu wird die passende Höllenmusik abgespult, die die Spinner aufpeitscht. Das ist angeblich gesund.

für oder gegen dies und das, mit denen sich Herz, Nieren und Blase sowie andere mehr oder weniger wesentliche Teile der Anatomie auf Vordermann bringen ließen.

Außerdem ist in diesen Veröffentlichungen alles über »*Klangschalen*« und »*Infrarot-Tiefenwärmebehandlung*« in Erfahrung zu bringen. Ich las auch über »*Hot Stones*« und »*Hydrojets*«, über »*Aqua Jogging*« und »*Liquid Sound*«, »*Cervikale Extensionsmassage*« (offensichtlich eine neuzeitliche Variante des im Mittelalter so beliebten Streckbretts) und »*Abhyanga-Massage*«,[20] bis mir der Kopf schwirrte und ich schließlich verwirrt und einigermaßen frustriert feststellte, dass ich genauso schlau war wie zuvor.

Ich las Artikel über Schönheitstipps, die unter dem Titel »So sehen Sie ganz schön alt aus!« in einer durchaus *ansprechenden* Form angeboten wurden, und ich versuchte, auch in Publikationen wie »*Sweet Sixty*« oder »*Bärenhaut – Die Zeitschrift für die besten Jahre*« Näheres über die Kunst, jung zu bleiben, zu erfahren. Allerdings ohne allzu großen Erfolg.

---

[20] Gänzlich neu waren mir auch die als ultimativer Jungbrunnen angepriesenen »Haman-«, »Cleopatra-« oder »Rasulbäder«. Schon für neunundsechzigneunzig kann man sich eine geschlagene dreiviertel Stunde darin die Pelle einweichen. Und kriegt dazu auch noch einen Vitamincocktail und ein Hanuta.

Denn zwischen Dutzenden von *Expertenratschlägen*, die sich über die neuesten Ergebnisse der Alters- und Faltenforschung ausließen, sowie Tausenden von mehr oder weniger unsäglichen Spar-, Freizeit- und Verbrauchertipps [21] und den unvermeidlichen Kochrezepten war da nichts, aber auch *gar nichts* zu finden, was der Rede wert gewesen wäre. Ein bisschen Schmalspur-Psychologie hier (»Ich glaube an mich! Warum Selbstbewusstsein Sie attraktiv macht«), ein bisschen Medizin dort (»Essen Sie auch genug Vitamine?«) – und das war's dann auch schon. Das Ganze serviert man dem geneigten Leser in der Regel mit einer Spur Lebenshilfe vom Fernsehpfarrer, der – Köpfchen senken, Händchen falten – was vom Pferd erzählt und vom großen Werteverlust, denn so was hört ja jeder gern. Dann kommen noch ein paar Urlaubs- und Freizeittipps dazu, jede Menge Knobeleien und zu guter Letzt noch ein paar Weisheiten aus Kindermund. Wenn das alles ist, sagte ich mir, ist es ja ein Leichtes, hundert zu werden oder noch älter ...

Vielleicht mag der eine oder andere von diesen sagen-

---

[21] in denen Leser so beherzigenswerte Tipps brachten wie: »Rühren Sie Ihren Pudding mit Kaffeerest an statt mit Milch, das ist billiger, kalorienärmer und gesünder.« Jetzt wissen Sie, was Sie mit Ihren Kaffeeresten machen können. Bloß nicht mehr wegkippen! Immer schön den Pudding mit anrühren.

haften Tipps ganz brauchbar sein, das will ich hier keineswegs in Abrede stellen.

Rauchen zum Beispiel, erfuhr ich in der Zeitschrift »*Erfolgreich altern*« (die meine persönliche Hitliste der blödsinnigsten Titel anführt), *Rauchen ist ungesund*. Aber das wissen wir auch schon länger. Die Warnung ist ja inzwischen auf jeder Packung Kippen ziemlich unübersehbar angebracht.[22]

Auch erfuhr ich, dass *Stress* nicht gut ist. »Stress sollte man tunlichst vermeiden«, hieß es in der »Bärenhaut – der Zeitschrift für die besten Jahre«, und auch das, muss ich sagen, war mir *nicht ganz neu*. Na bravo, sagte ich mir, da habe ich ja gute Chancen, Vater Staat meine

---

[22] ... so unübersehbar übrigens, dass die armen Mädels, die das Pech haben, in einem französischen Kiosk arbeiten zu müssen, inzwischen in Streik zu treten drohen, weil sich ihnen das ewige »Tabac tue« heftig aufs Gemüte schlägt. Wer will's ihnen verdenken! Konsequenterweise müsste man eigentlich auf so einiges, was auf diesem Globus als »Lebensmittel« verkauft wird, eine ähnliche Warnung drucken, denke ich mir manchmal, wenn ich mir die nicht selten von E-Nummern gezeichneten Physiognomien unserer armen amerikanischen Cousins zum Beispiel näher begucke. In Amerika jedenfalls, diesem ach so freien Land, wird, wer zu rauchen wagt, wo Rauchen nicht erlaubt ist (das heißt praktisch über-

Rente zu schenken, denn wenn das so weitergeht, werde ich nicht einmal sechzig. [23]

Wer bitte, frage ich mich, hat heute keinen Stress? Ich muss Ihnen sagen, ich kenne so gut wie niemanden, der nicht jede Menge Anlass hat, sich einen Kopf zu machen – mit Ausnahme meines Nachbarn Holger Patzke vielleicht, der Liegenschaftsverwalter ist, 56 Grünpflanzen in seinem Büro stehen hat und auch sonst eine ruhige Kugel schiebt. Er ist nicht verheiratet, ja, nicht einmal liiert, kann den ganzen Abend vor der Playstation abhängen und sich darauf verlassen, dass er am Monatsende stets ein immer gleich bleibendes erkleckliches Sümmchen auf seinem Konto vorfindet.

Aber selbst in Holger Patzkes Fall bin ich mir nicht ganz sicher, denn besonders glücklich kommt er mir nicht gerade vor. Und Holger Patzke fühlt sich auch wirklich ungerecht behandelt. Er hadert mit Vater Staat, weil er es nicht korrekt findet, dass seine Kollegen, die Familie

---

all), eventuell in Handschellen abgeführt. Man ist da nicht zimperlich. Und wenn dieser Pechvogel es überdies noch wagen sollte, in der Öffentlichkeit aus einer Dose Heinecken zu trinken, die er nicht zuvor in eine braune Papiertüte versenkt hat, wird er gleich eingeknastet. Aber das sei hier nur so nebenher erwähnt.

[23] Vergleiche hierzu die Fußnote Nr. 5.

haben, jede Menge Zulagen erhalten, er aber nichts für seine drei Neffen. Auch hat er das Problem, dass er nicht so recht weiß, wem er dereinst das Haus, das viele Geld und vor allem seine kostbare *Spielkonsole* vermachen soll. Denn diese Neffen kümmern sich recht wenig um ihren armen Onkel Holger, den sie zuweilen als Pappnase (oder schlimmer noch als *Kissenpuper*) bezeichnen, was nun wirklich nicht nett ist, denn was, bitte, kann Holger Patzke für seine Flatulenzen? So ein stillvergnügtes Hupkonzert scheint ja auch beträchtlichen Unterhaltungswert zu haben, wenn man den Aussagen der Leute Glauben schenken darf, für die diese Konzerte nun mal das einzige Vergnügen sind, das ihnen noch so bleibt, wenn sie älter werden und feststellen, dass sie in ihrem Leben etwas wesentlich verkehrt gemacht haben. Auch Holger Patzke, schätze ich mal, wird so einiges verpasst haben, damals, da er jung war, obwohl berechtigte Zweifel bestehen, dass er überhaupt jemals jung gewesen ist. So hat er eben jetzt nur noch seine Flatulenzen und seinen Geiz, an dem er sich festhalten kann, und die besagte *Spielkonsole* eben. Immerhin leistet er sich einen Frühschoppen am Sonntag früh, da spielt er dann mal ausnahmsweise nicht und genehmigt sich sogar ein Paar Weißwürstchen für zweifünfzig dazu.
(Allerdings hat er, wie man hört, in seiner Kneipe so was wie Hausverbot, weil er den Senftopf, der einem dazugestellt wird, immer ganz leer macht. Eine ganze Weile

lang hat er den guten und nicht ganz preiswerten süßen Senf als Nachtisch sozusagen aus dem Pott gelöffelt, bis die Wirtin der Chose einen Riegel vorschob und seither alle Senfnäpfe in Sicherheit bringt, sobald sie seiner Person ansichtig wird. Jetzt kriegen Gäste nur noch nach vorheriger Gesichtskontrolle den Napf hingestellt, das haben wir nun davon. Holger Patzke kriegt jedenfalls nur noch ein Tütchen zu seiner Wurst, das er ebenso wie die Pellen mit Inbrunst auszuzelt, wobei er keine Sekunde die anderen Tische aus den Augen lässt in der beständigen Hoffnung, vielleicht doch noch ein unbeaufsichtigtes Töpfchen mit diesem köstlichen Senf zu erwischen. Aber da hat er sich geschnitten, denn die Wirtin passt inzwischen auf wie ein Schießhund. Es ist noch nicht allzu lange her, da hat sie einem von Holger Patzkes Neffen diese Wurstpellengeschichte erzählt, der wiederum keinen Anlass sah, die Story geheim zu halten. Und jetzt hängt irgendwie der Haussegen schief bei Nachbars. Denn Holger Patzke ist zu Ohren gekommen, was da über ihn geredet wird, und seitdem hat er ein neues Hobby entdeckt: Er streicht seine Neffen abwechselnd aus seinem Testament und verbringt damit jetzt einen Teil seiner Abende.)

Aber zurück zum Thema, zu dem die Weißwurstgeschichte ja nicht eigentlich gehört. Obwohl, vielleicht doch? Es gibt nämlich Zeitgenossen, die ganz offensichtlich nie in ihrem Leben jung waren, wie Tolstoi einmal sehr richtig beobachtet hat, und zu der Kategorie gehört Holger Patzke ganz eindeutig. (Wenn Leute wie er ihren Puls einmal messen würden, würden sie, schätze ich mal, gar keinen finden.) Wen wundert's, dass Holger Patzkes Lieblings-DVD *The Return of the Living Dead* ist?

Aber lassen wir den armen Holger Patzke. Eine Tages, wenn er in den Himmel will, wird er schon sehen, was er davon hat. Denn wer es versäumt, beizeiten »sein Haus zu bestellen«, hat keine großen Chancen, alt zu werden. Narzissmus hält nämlich nicht jung.

Was die Holger Patzkes dieser Welt und die Joggingpäpste aber nicht ahnen. Denn nichts erschüttert ihr mechanistisches Weltbild, in dem man davon ausgeht, dass, wer immer schön Omega-3-Kapseln schluckt, die besten Chancen hat, alt zu werden.

Verstehen Sie mich recht: Ich will hier nichts gegen diese Fischölpillen einwenden. Omega-3-Kapseln habe ich zwar, als ich zuerst davon hörte, für Raumsonden gehalten, aber inzwischen weiß auch ich, dass sie gesund sind. Auch unter freien Radikalen habe ich mir zunächst was ganz anderes vorgestellt, das mehr in die Richtung einer politischen Gruppierung ging, aber heute weiß ich natürlich, was freie Radikale sind. Die Bande will uns ständig ans Leder und dagegen gibt's bisher offensichtlich nur eins: Vitamine und andere Nahrungsergänzungsmittel schlucken, denn selbst, wenn man immer schön Biogemüse isst, kriegt man noch nicht genügend Selen [24] zum Beispiel.

Ich glaube schon, dass es hilft, wenn man gesund lebt. Ich will hier auch gar nicht behaupten, dass diese Anti-Aging-Bücher, Wellness-Gurus und Apothekenblättchen *nicht* Recht hätten.

Ich bin auch sicher, dass Vitamin C zum Beispiel ziemlich gesund ist und dass es nicht schaden kann, wenn man hin und wieder ein paar Zink- und Magnesiumpillen einwirft. Ich habe zum Beispiel ein Problem mit Eisen, ich kriege einfach nicht genug davon, egal, wie viel Spinat ich esse. Ich könnte auch rostige Nägel kauen, ohne dass der Pegel in die Höhe geht – was soll man also anderes machen, als pullenweise von diesem leckeren Kräuterblut zu trinken, das im Reformhaus zu haben ist? Ich rate jeder Frau, zuweilen auch darauf zu achten, denn wenn einem die Power fehlt, liegt das eben oft nur an solch winzigen Details. Selenmangel. Calciummangel. Eisenmangel: kleine Ursache, große Wirkung.

Und doch – das ist eben nicht alles. Holger Patzke lässt sich, wie ich aus gesicherter Quelle weiß (von unserem Briefträger nämlich), jeden Monat ein Carepaket aus

---

[24] Deutschland ist nämlich ein Selen-Notstandsgebiet. So etwas hört man ja als Deutscher gern.

Amerika schicken mit jeder Menge ausgeklügelter Nahrungsergänzungsmittel sowie einer Reihe von Stimmungsaufhellern, die bei uns verboten sind. Er gibt dafür wahrscheinlich ein Vermögen aus, aber er hat's ja. Trifft ja nun wirklich keinen Armen. Oder doch? Kommt wohl darauf an, wie man *arm* definiert …

Wenn der eine oder andere unserer Zeitgenossen pfundweise Algen und Gelatinekapseln verdrückt, denkt er, dass er nun feuerfest ist und ihn nichts mehr anfechten kann. Aber leider, leider handelt es sich bei der Überlegung um einen klassischen Trugschluss. Aber das war mir zu dem Zeitpunkt, da ich mich in das Thema einarbeitete, noch nicht klar, jedenfalls noch nicht ganz. Mir schwante nur ziemlich dumpf, dass an der ganzen Chose irgendwas nicht stimmen kann …

Ich kam nicht gleich drauf, da das meiste, was die einschlägige Literatur zu diesem Thema zu bieten hat, mir *nicht direkt falsch* zu sein schien. Aber es ist eben auch *nicht direkt richtig*. Mein Deutschlehrer hätte damals gesagt: »Thema verfehlt! Setzen! Fünf!«

Zunächst war es nicht mehr als ein Gefühl, das mir sagte: Irgendetwas fehlt hier. Denn all diese Tipps gingen am Wesentlichen vorbei.

Unsere Vorfahren konnten sich ja auch nicht bei irgendeinem Versandhandel ihr Doppelherz bestellen. Es muss also doch eine andere Möglichkeit geben, an diese Lebenselixiere zu kommen, sagte ich mir.

Als ich über diese Sache mit den Kreuzworträtseln und den Kaffeefahrten las, kam ich der Lösung schon sehr nahe.

Jetzt fragen Sie sich wahrscheinlich, völlig zu Recht übrigens, was Kreuzworträtsel, Kaffeefahrten und die oben genannten Fischölkapseln miteinander zu tun haben. Jedenfalls entdeckte ich eines schönen Morgens in einer dieser Seniorenzeitschriften den geradezu genialen Tipp, dass man durchaus eine Kaffeefahrt buchen könne. Man solle sich nur nicht bequatschen lassen.

»Machen Sie sich einen schönen Tag«, stand da, »aber kaufen Sie nichts!« Und das, fand ich, ist doch wirklich ein wertvoller Rat, den man sich an den Kühlschrank heften sollte.

Dann las ich noch einen Artikel übers Kegeln und schließlich einen über Gedächtnistraining, in dem ein Experte unter anderem vorschlug, dass man zur Erhaltung der geistigen Fitness täglich dreimal ein bisschen Gehirnjogging betreiben solle, man könne beispielsweise Busfahrpläne auswendig lernen, zur Erhaltung des Kurzzeitgedächtnisses auch das Fernsehprogramm und man solle unbedingt Kreuzworträtsel lösen. Das sei nämlich unheimlich gesund.

Plötzlich fiel es mir wie Schuppen von den Augen.

Kreuzworträtsel, Kegeln, Kaffeefahrten – ja sind die denn wahnsinnig? Die Menschheit hat nicht den Kölner Dom gebaut, indem sie Kreuzworträtsel gelöst hat, verdammt!

Diese blödsinnigen Freizeit-Tipps in der Anti-Aging-Literatur sind nun tatsächlich das Allerletzte. Busfahrpläne auswendig lernen und auf Kaffeefahrten Zeit verplempern, weil man nichts Besseres zu tun hat – da hört sich doch alles auf.

Ich dachte an Erich Kästners elftes Gebot: Schlagt eure Zeit nicht tot! – und was dann passierte, werde ich wohl kaum vergessen: Ich ging fieberhaft noch einmal durch alle Bücher – und fand entsetzt, dass in keinem das Stichwort Kreativität auch nur ansatzweise vorkam. Ein bisschen Servietten schnippeln vielleicht, ein bisschen Laubsägen für die Herren der Schöpfung, auf dass einem die Decke nicht auf den Kopf falle, und damit hatte es sich dann auch schon. An diesem Morgen fand ich auch zu meinem größten Entsetzen heraus, dass in sämtlichen Publikationen zu diesem Thema nicht einmal *das Lesen* erwähnt würde – und das war etwas, was mir als Buchhändlerin so was von gegen den Strich ging, dass ich es hier kaum näher beschreiben kann. Kaffeefahrten sollen wir also buchen und Kreuzworträtsel lösen und zuweilen etwas sporteln. Weiß ja jeder, dass Sport gesund ist. Soll ja hier auch nicht in Abrede gestellt werden.

Aber wo, bitte, bleibt da der Geist? Auf der Strecke – dieser Satz steht fest.

Unsere Vorfahren brauchten kein Tocopherol und andere Antioxidantien zu kaufen, weil sie nämlich in ihrer

Freizeit Pfeile schnitzten und wenig später mit ihren Enkeln Seifenkisten bauten – und das, Freunde, ist der springende Punkt! Unsere Vorfahren blieben jung, weil sie kreativ waren und weil Kreativität, wenn sie richtig aufgefasst wird, immer einen sozialen Sinn hat. Kurz: Sie ist nützlich. Unsere Vorfahren saßen abends am Lagerfeuer und erzählten Geschichten, gaben Weisheit weiter, und diese Weisheit wiederum half ihrem Nachwuchs zu überleben. Und das ist, wie man inzwischen weiß, überhaupt der Grund für die Langlebigkeit des homo sapiens.

Obwohl man schon daran zweifelt, ob der Mensch wirklich so *sapiens* ist, wie immer behauptet wird. Denn wenn man diese oberschlauen, turnschuhfitten Nussknacker anschaut, die uns mit geradezu religiösem Eifer was von HDL und SDL vorfaseln, selber aber Hälse haben wie Galapagos-Schildkröten, dann kommen mir diese Burschen vor wie die Einbrecher in einem Louis-de-Funès-Film: Da schleichen sich die Gangster *von hinten* in das Gebäude, das sie auszurauben gedenken, zwängen sich ächzend durch die Gitter des Kellerfensters – während vorne die ganze Zeit die Tür offen steht. Der Gag ist fast schon ein Klassiker.

Genauso ist es mit diesen Antioxidantien: Die Kreativen kriegen sie kostenlos, weil sie vorne reingehen und nicht von hintenrum versuchen, an das angebliche Lebenselixier zu gelangen … Mutter Natur schenkt sie uns, diese

Elixiere. Wir brauchen nur das zu tun, was anderen nützt. Und ja nicht nach dem Motto »Jetzt-komm-ich-dran« anfangen, eine ruhige Kugel zu schieben und den ganzen lieben langen Tag Kreuzworträtsel zu lösen, Kaffeefahrten zu buchen und sich fürs Seniorenkegeln anzumelden … Für ruhige Kugeln gibt's nämlich keine Belohnung.

An diesem Nachmittag, da ich auf diese eigentlich ganz simplen Zusammenhänge stieß, fiel's mir wie Schuppen von den Augen: Die ganze Anti-Aging-Gesundheits-Vital-Tocopherol-Klamotte kann man komplett vergessen. Denn sie blendet mehr oder weniger absichtlich sämtliche Aspekte aus, die uns wirklich jung erhalten.

Auf meiner ganz persönlichen Hitliste der genialsten Ratschläge, die ich mir in den einschlägigen Veröffentlichungen einmal sehr genau ansah, standen außerdem noch so wertvolle Tipps wie »Suchen Sie sich ein Hobby!« oder »Spielen Sie Gesellschaftsspiele!«.

Na toll. Sollen wir uns jetzt alle hinsetzen und stundenlang bis zum Erbrechen Mensch-ärgere-dich-nicht spielen oder Canasta oder Monopoly? Sollen wir nun Ringelpieze nach Art der Reise nach Jerusalem veranstalten? Sollen wir jetzt alle unsere Lebenserfahrung verplempern und uns die Zeit bis zur Löffelabgabe mit ein bisschen Gehirnjogging und Rätselraten vertreiben? So ist es! Das ist genau das, was man uns vorschlägt und was sämtliche Alterungsprozesse am schnellsten befördert …

Die Cheeseburger-Connection oder
ein Kurzthriller über ein paar unsägliche
Grausamkeiten aus der amerikanischen
Lebensmittelindustrie

In Amerika, wo die Zeitgeist-Designer es immer schon ein wenig leichter hatten als hierzulande, kann man auch sehr schön sehen, wie die Gesundheitsindustrie den perfekten Senior eigentlich ganz gern hätte: ein bisschen naiv, ein bisschen krank oder wenigstens zur Hypochondrie neigend – ein wenig übergewichtig, diabetisch und paranoid, aber ja nicht kreativ. Denn Kreative haben nämlich keine Zeit zum Geldausgeben, und das ist etwas, was es um jeden Preis zu verhindern gilt. Ich war unlängst in Florida, der Heimat der quietschbunten Jogginganzüge und kann Ihnen sagen – es war unglaublich. Wie man das Essen drüben überhaupt jahrzehntelang überleben kann, ist mir völlig schleierhaft. Ich war heilfroh, als ich nach drei Wochen wieder heim durfte und endlich wieder ein richtiges Brot zu Gesichte bekam und keine Bagels mehr essen musste und keine Donuts, all die *All-American Delicacies*, mit denen meine freundlichen Gastgeber mich zu verwöhnen versuchten. Das Schlimme war nämlich, dass ich drüben eingeladen war und – weil man ja ein höflicher Mensch ist – den Fast-Food mitaß, den die Amerikaner sich praktisch ständig reinziehen, weil sie zum Kochen angeblich keine Zeit haben (und *keine Zeit* zu haben, zumindest so zu wirken, ist in Amerika, der Heimat des *Coffee to go*,[25] schon immer eine Tugend gewesen). So kam es, dass ich drei Wochen lang täglich mindestens dreimal versuchte, mir aus dem Angebot das jeweils geringste Übel rauszupicken, einen Salat zum Beispiel mit einem leckeren, E-Nummern-gesättigten Sößchen, einen Low-fat-Yoghurt, der nur unwesentlich süßer war als ein Kürrero Fässchen (oder wie diese leckeren Pralinen mit der Nuss in der Mitte heißen) – oder eben nur einen Kaffee. Denn schon nach einer Woche tat mir mein an Birchermüsli gewohn-

---

[25] Millionen von Pappbechern werden in diesem Land täglich verbraten, ganze Wälder gehen da übern Jordan – nur weil es schick ist, keine Zeit zu haben, und weil als erfolgloser *underachiever* gilt, wer die Lurke, die man in den Staaten unter der hochstaplerischen Bezeichnung Kaffee verkauft, aus einem von diesen Keramikpötten trinkt – das ist eigentlich nur in den *Diners* üblich und die sind nun wirklich das einzig Sympathische auf dem Fast-Food-Sektor.

Interessant ist übrigens auch, dass niemand daran denkt, die zweite, dritte oder vierte Tasse Kaffee, die man sich irgendwann im Laufe des Tages holt, aus demselben Pappbecher zu trinken. Nö, auf so was kommt man drüben nicht. Man kommt nicht mal darauf, die Dinger ineinander zu stecken. Dann müsste man sie ja anfassen, und das könnte eventuell

ter Magen weh und mir wurde auch plötzlich klar, warum buchstäblich jeder zweite Werbespot in God's Own Country irgendein neues Mittelchen gegen Sodbrennen, gegen »Heart burn«, anbietet. Sodbrennen zu haben ist in dem Land ganz normal. Da denkt sich keiner mehr was bei. Hält es wohl für gottgewollt.

Machen wir uns nichts vor: Amerikanisches Essen macht krank und es macht vorzeitig alt. Damit sage ich Ihnen nichts weltbewegend Neues, schätze ich mal. In diesem Land, in dem Rauchen verteufelt wird, wo aber inzwischen in Bierteig getunkte und in schwimmendem Öl

---

unhygienisch sein und eine Maul- und Klauenseuche auslösen – auch damit macht man unseren bedauernswerten ame-rikanischen Cousins gern Angst. Und das Geschäft mit der Angst ist das beste überhaupt …

Eine Freundin von mir war übrigens mal mit einem Papptellerfabrikanten verheiratet und irgendwann begann sie aus den aufeinander gestapelten Rohlingen die fabelhaftesten Skulpturen zu gestalten, um ihre amerikanischen Freunde auf die gigantische Verschwendung aufmerksam zu machen. In den Staaten ist die Verwendung von Papptellern selbst im privaten Haushalt üblich – denn man braucht sie nicht zu spülen. Zack weg. Alle in eine Tonne. Die Müllabfuhr kommt ja schließlich jeden Tag und verdient Millionen damit in diesem Land, in dem alles, aber auch wirklich alles zur Ware gemacht wird.

ausfrittierte Snickers angeboten werden (ungelogen!), müsste man eigentlich entsprechende Warnhinweise auf so gut wie jedem Lebensmittel anbringen. Die sehr klein gedruckten Inhaltsstoffe, die auf amerikanischen Viktualien angegeben sind, lesen sich eher wie ein Rezept zur Konstruktion einer Autobombe und der Vergleich ist, schätze ich mal, gar nicht so verkehrt. Unsere armen, ach so positiv denkenden amerikanischen Cousins sitzen tatsächlich auf einer Bombe – und wer richtig hinschaut, wird feststellen, dass in den Staaten junge Leute, die nicht mal vierzig sind, oftmals einen Teint haben wie hierzulande ein Bauarbeiter, kurz bevor er in Rente geht. Ich lüge nicht. Es ist traurig, aber es ist tatsächlich so[26]. Und wir müssen hierzulande schon sehr aufpassen, wenn wir nicht in dieselben Fallen tappen wollen. In Amerika wird

---

[26] Tipp: Sie bewegen sich auf sehr dünnem Eis, wenn ein Amerikaner Sie fragt, für wie alt Sie ihn halten. Hier gilt unbedingt folgende Faustregel: Seien Sie nie ehrlich! Ziehen Sie von dem Alter, das Ihnen realistisch erscheint, fünfzehn Jahre ab. Schätzen Sie also einen Neunundddreißigjährigen, der aussieht wie neunundvierzig, auf vierunddreißig, und alles ist in Butter. Sonst können Sie furchtbar im Fettnäpfchen landen. Das klingt jetzt ein kleines bisschen böse – aber es ist leider die bittere Wahrheit. Ich schreibe das auch nicht, um über unseren Big Brother abzuätzen. Ich schreibe das nur, weil das

eine konsequente Politik der Desinformation betreiben und allein deswegen ist es (über-)lebenswichtig, nicht kritiklos alles zu essen, was einem dort vorgesetzt wird. Sonst wird einem eines schönen Tages erzählt, dass Kaugummikauen als sportliche Betätigung völlig ausreichend ist … ebenso wie diese verdammten Knobeleien zur Erhaltung der geistigen Fitness.
Vergessen Sie den ganzen Schrott, mit dem man uns allenthalben zuzumüllen versucht. Glauben Sie von heute an nichts mehr von dem, was diese Fatzkes verzapfen – und glauben Sie ihnen vor allem nicht, wenn sie für ein amerikanisches Produkt werben. Denn das besteht garantiert zu achtzig Prozent aus Unseriosität, zu zehn Prozent aus Gier – der Rest sind Zucker, Fett und Konservierungsstoffe.

---

hier in Europa ja auch alles kommen soll. Können Sie Gift drauf nehmen, das heißt, eigentlich brauchen Sie das nicht mehr, gehen Sie stattdessen zu McDuff, das kommt aufs selbe raus. Ich schreibe über diese Dinge nur, weil ich weiß, dass die amerikanische Food-Industrie – neben der Waffenproduktion – der größte endogene Industriezweig Nordamerikas ist. Sie macht täglich Milliardengewinne, denn sie ersetzt ehrliche Zutaten, wie es sie hier noch gibt, ganz einfach durch Chemie …
Bleiben Sie hübsch gesund.

Verlassen Sie sich stattdessen in allen Dingen auf Ihr eigenes Gefühl und Ihre Intuition. Theoretisch weiß man ja längst, dass man das eigentlich tun sollte, aber dann lässt man sich doch oft vom Gegenteil überzeugen, weil man, nett, wie man nun mal selber ist, nicht davon ausgeht, dass man beschummelt wird. Und doch – bleiben Sie kritisch! Und glauben Sie auch den redaktionellen Beiträgen in den Printmedien nicht jedes Wort … Die Kunst, jung zu bleiben, beginnt schätzungsweise genau damit, dass wir anfangen, uns nichts mehr vormachen zu lassen. Und stattdessen auf unser Herz hören.

Das Herz weiß nämlich immer, wo es langgeht. Und es warnt uns auch vor den Schlitzohren. Man muss nur richtig hinhören, das Radio abstellen, die allgegenwärtige Reizüberflutung eindämmen und den eigenen Gedanken lauschen. Und dann wartet man einfach ab, was passiert. Dann haben die Ideen wieder Platz, die Sinne werden schärfer und wir können sie wieder ausmachen, die von Unkraut überwucherten Königswege zum Glück. Lesen. Kreativität. Engagement. Soziales Handeln.

Warum man einen guten Teil der üblichen Anti-Aging-Tipps in der Pfeife rauchen kann und stattdessen lieber in die nächste Buchhandlung gehen sollte

Wer sich auf die Kunst des Jungbleibens versteht, kennt sie alle, die Wege zum Glück. Er weiß auch, dass die beste und einfachste Möglichkeit, dem Lärm der Welt zu entfliehen und die Zeit anzuhalten, *lesen* ist.
Ein Buch hat Tausende von guten Seiten und eine davon ist: Wer liest, reduziert den Alltagsstress, dem so gut wie jeder von uns täglich ausgesetzt ist, auf ein Minimum. Und Stress, *negativer* Stress, ist nun wirklich ein Killer – so viel ist sicher. Auch ist inzwischen wissenschaftlich erwiesen, dass literarisch Interessierte länger leben. Lesende sind zurzeit denn auch die Zielgruppe einer neuen Forschungsrichtung, die man als *Immunoseneszenz*[27] bezeichnet – man weiß inzwischen, dass das *Altern des Immunsystems* verantwortlich ist für die Alterserscheinun-

---

[27] Man weiß inzwischen, dass der Körper altert, wenn das Immunsystem »vergesslich« wird, das heißt mit anderen Worten, wenn unser immunologisches Gedächtnis altert und nicht mehr schnell genug auf die freien Radikale reagiert, die uns ständig ans Leder wollen. Ein gesundes, »junges« Immunsystem schickt sofort die so genannten NK-Zellen (die natür-

gen, die sich irgendwann mehr oder weniger deutlich bemerkbar machen. Lesende und/oder kreative Menschen (Lesen ist ja auch eine Form von Kreativität) haben, wie es scheint, ein durchweg gesünderes Immunsystem und stärkere Selbstheilungskräfte. Wer sich auf sein Gefühl verlässt und nicht auf das, was die Medien einem gern suggerieren, weiß es längst: Die *am leichtesten erreichbaren Naherholungsgebiete dieser Welt sind immer noch die Orte, an denen es Bücher gibt*. Kein Land der Welt hat übrigens so viele Buchhandlungen wie Deutschland. Allein das ist ein Grund, weswegen ich niemals anderswo leben wollte und eigentlich auch keinen anderen Beruf haben will als

---

lichen Killerzellen oder Phagozyten) aus, die mit den Eindringlingen, sobald sie sich madig machen, gründlich aufräumen. Man weiß aber auch, dass die Zahl der NK-Zellen bei gesunden, am Leben teilnehmenden (!) Älteren signifikant höher ist als bei anderen Menschen. Gesunde Hundertjährige haben eine, wie man im Immunlabor unschwer feststellen konnte, geradezu »jugendliche« Konstellation. Womit wir wieder beim Engagement wären. Ganz gleich, wofür Sie sich engagieren – ob für den Bau eines neuen Kindergartens oder für das Erstellen Ihrer Familienchronik – wer immer am Ball bleibt und sich stets neue, spannende und hinreichend schwierige Ziele setzt, bleibt länger jung. Kurz, was wir längst ahnten, lässt sich jetzt auch wissenschaftlich beweisen.

den des Buchhändlers. Auch wenn er echte Knochenarbeit ist. Mit meinem Steuerberater, dem bereits mehrfach zitierten Herrn Schlauberger, möchte ich jedenfalls nicht tauschen: Er ist sechzig, sieht aus wie Rübezahl, weil er zwar seinen Body stählt, aber noch nicht darauf gekommen ist, dass vielleicht eine Überdosis Zahlen so gesund denn auch nicht sein kann. Ich habe ihm einmal, als er mir besonders zusetzte, ein Gedicht geschenkt, ein Gedicht von Novalis – und wissen Sie was? Er hat das gar nicht verstanden. Ich wette sowieso, dass er Novalis für ein Kopfschmerzmittel hält …

Wenn nicht mehr Zahlen und Figuren
Sind Schlüssel aller Kreaturen,
Wenn die, so singen oder küssen,
Mehr als die Tiefgelehrten wissen,
Wenn sich die Welt ins freie Leben
Und in die Welt wird zurückbegeben,
Wenn sich dann wieder Licht und Schatten
Zu echter Klarheit werden gatten
Und man in Märchen und Gedichten
Erkennt die wahren Weltgeschichten,
Dann fliegt vor einem geheimen Wort
Das ganze verkehrte Wesen fort.

Novalis

Lesen, Freunde, ist einer der Schlüssel zum Glück.
Was mich an die Geschichte eines Nennonkels von mir erinnert, der einhundertundzwölf (!) Jahre alt wurde – ich lüge nicht. So etwas kommt tatsächlich ab und zu vor, zwar nur alle Jubeljahre, aber es gibt derlei Fälle. Dr. Norman B. Walker zum Beispiel schrieb noch im Alter von *einhundertvierzehn* sein letztes Buch, bewirtschaftete zumindest zum Teil noch seinen ziemlich umfänglichen Gemüsegarten, radelte jeden Tag ins dreizehn Kilometer weit entfernte Dorf, um Brot zu kaufen und ein Schwätzchen zu halten, bevor er am Nachmittag eine Stunde oder auch zwei ordinierte und im Laufe der Jahre Hunderten von Patienten wieder auf die Beine half, die die ach so kluge Schulmedizin bereits aufgegeben hatte.
Norman B. Walkers Bücher sind übrigens in deutscher Übersetzung zu haben und wer sich seine Ratschläge zu Herzen nimmt, hat bald einen Teint wie ein Neugeborenes und fühlt sich frisch wie nie zuvor.[28] Zu Anfang des zwanzigsten Jahrhunderts, da über das Thema Vitamine und Spurenelemente überhaupt niemand auch nur nachdachte, hat Walker als junger Arzt zusammen mit Linus Pauling bahnbrechende Erkenntnisse gewonnen und damit Tausenden von Menschen, die an nichts weiter als

---

[28] Norman B. Walker, »Frische Obst- und Gemüsesäfte«, München 2003.

einer Mangelerscheinung litten, das Leben gerettet. Was in Fach- und anderen angeblich informierten Kreisen jedoch niemand daran hinderte, die beiden für *Phantasten*[29] zu halten. Schade ist nur, dass man in ebendiesen Fachkreisen nicht mehr mitbekommen hat, wie Recht sie hatten. Linus Pauling, der als eigentlicher Entdecker des Vitamin C gilt, und Norman B. Walker haben ihre Kritiker um Jahrzehnte überlebt. Aber die Vitamine, sagte Walker einmal in einem Interview, seien eben nicht alles. Im Gegenteil, wenn er gewusst hätte, dass die Amerikaner inzwischen so viel Vitamin C (mit oder ohne Aspirin) einwerfen, dass das Zeug schon im *Grundwasser nachweisbar* ist (echt wahr),[30] dann hätte er es sich doch zweimal überlegt, ob er die Sache an die große Glocke hängen solle. Was ihn jung erhalte, seien jedoch nicht die Vitamine. Er trinke zwar seine Obst- und Gemüsesäfte, aber auch das sei es nicht. Die Forschung erhalte ihn jung, das Bücherschreiben – und seine Patienten.

Lesen, Kreativität, soziales Engagement. Und ein großes Glas Karottensaft mit Honig wenigstens einmal täglich – das jedenfalls war Walkers Rezept.

---

[29] In Herrn Schlaubergers Augen gehöre ich natürlich auch zu dieser Personengruppe, klar.

[30] Ich lüge nicht und wenn, dann nur selten und nur zu einem guten Zweck.

Honig gehörte auch zu den Lebenselixieren meines Onkels, dessen Geschichte ich Ihnen versprach. Honig und jeden Abend ein großes Glas Met.[31] Ich habe Jean-Jacques van Keupings höchst erstaunliche Biographie vor Jahren einmal aufgezeichnet, als ich ihn besuchte und er mir von seinen Erinnerungen berichtete, *da er noch siebzig und jung war*: Er war damals gerade einhundertundelf Jahre alt geworden. Dieses biblische Alter ist vor allem deswegen so erstaunlich, weil Jean-Jacques anno 1888 mit einem schweren Herzleiden zur Welt kam und keiner der Ärzte ihm damals mehr als nur ein paar Jahre Überlebenschance gab. Jean-Jacques hatte ein »blaues Herz«, wie es in der Familie hieß, was bedeutete, dass man das Kind in Watte packte und daheim behielt, während seine Geschwister Schlittschuh laufen gingen. Schon ei-ne einfache Erkältung, behaupteten die Mediziner, könne sich als fatal erweisen und dem schmalbrüstigen Knaben den Rest geben.

---

[31] Imker, das ist auch so ein Kuriosum, haben eine fünfzehn Jahre (!) über dem Durchschnitt liegende Lebenserwartung. Honig ist ein wahres Wundermittel, aber die Pharmaindustrie hat ein massives Interesse daran, diese Infos nicht an die große Glocke zu hängen. Honig ist flüssiges Gold – und auch darüber ist, wenn Sie wollen, mehr in Ihrer Buchhandlung zu erfahren.

Zeit seiner traurigen Kindheit gab man ihm – laut ärztlicher Anweisung – kaum etwas anderes als Schonkost zu essen, die im Wesentlichen aus Hühnersuppe, Grießbrei, Spinat und Schiffszwieback bestand, und ein paar Waffeln hin und wieder, die ihm die Köchin ins Zimmer schmuggelte. Nur einem Zufall sei es zu verdanken gewesen, erzählt er in seinen Memoiren, dass er über schier unbegrenzte Mengen an Schokolade verfügen konnte, denn die van Keupings gehörten zu einer jahrhundertealten Kakaodynastie.

»Le chocolat – c'est bon pour le cœur«, hieß es, als man in der Familie voller Freude und zum maßlosen Erstaunen sämtlicher Ärzte Jean-Jacques' einundzwanzigsten Geburtstag feierte, und bald wurde dieses »gut fürs Herz« zu einem geflügelten Wort der van Keupings.

Aber noch etwas ganz anderes sei »gut fürs Herz«, erklärte Jean-Jacques: Überlebt habe er diese Schonkost-Kindheit nur, weil ihm sein wunderbarer Wiener Hauslehrer dabei geholfen habe, den größten Teil seiner Schokoladenvorräte gegen all die Bücher einzutauschen, die die beiden eigentlich lesen wollten. Das war also sein Geheimnis!

So kam es, dass Jean-Jacques die meisten Schlittschuh laufenden van Keupings seiner Generation überlebte: Er las sich durch die Literatur der Welt und begann mit *dreißig* Germanistik und Philosophie zu studieren. Er promovierte übrigens mit einer viel beachteten Doktorarbeit über Goethes Entdeckung des Zwischenkieferknochens, auf den der Geheimrat seinerzeit so ganz nebenher, en passant sozusagen, im Rahmen seiner wissenschaftlichen Studien gestoßen war – und so auch noch ein wichtiges Kapitel in der Geschichte der Medizin schrieb. War eben ein Genie, der Alte.

Mit *vierzig* fing Jean-Jacques an intensiv Sport zu treiben; mit *fünfzig* heiratete er eine schokobraune Südamerikanerin, die schöne Pilar, mit der er drei Kinder hatte; mit *sechzig* übernahm er vorübergehend die Leitung der van Keuping'schen Schokoladenfabriken in Lüttich; mit *siebzig* fing er ernsthaft zu schreiben an – um mit *achtzig* sämtliche Bestsellerlisten in Holland und Belgien zu stürmen. Seine schlicht »Schwarzhandel« betitelten

---

[32] Das kann ich übrigens nur bestätigen. Seit ich mir jeden Abend ein Glas von diesem Hochvergnügen gönne, berste ich nur so vor Energie. Man glaubt es kaum – zumal in den einschlägigen Ratgebern ja immer wieder behauptet wird, Honig sei nichts weiter als schierer Zucker. Alles Humbug! Det is ooch sonne olle Schote. Honig ist hierzulande immer noch ein völlig unterschätztes, unglaublich wirksames Stärkungsmittel, allerdings nur dann, wenn er dunkel gelagert wird. Jean-Jacques erzählte mir, er sei darauf gekommen, weil Honig aus der brasilianischen Volksmedizin gar nicht wegzudenken sei – damit wird dort so gut wie alles kuriert. In Bra-

Memoiren, in denen er die fabelhafte Geschichte seiner alten seefahrenden Familie erzählt, machten ihn über Nacht berühmt. Mit *neunzig* schrieb er immer noch jeden Morgen drei Stunden (von fünf bis achte), danach arbeitete er ein Stündchen oder auch zwei im Garten und verbrachte den Rest des Tages lesend (und hin und wieder ein paar neue portugiesische Vokabeln lernend), in seinem alten Chesterfield-Sessel.

Gegen Abend genehmigte er sich ein Glas Met – von dessen heilkräftiger Wirkung er zutiefst überzeugt war und das ihn stets auf die besten Ideen bringe, wie er behauptete.[32] Mit *hundert* ward Jean-Jacques bei Hofe eingeladen und für seine neueste Blumenzüchtung geehrt, eine gefüllte (und natürlich schokoladenbraune)

---

silien gibt es Kliniken, die nichts weiter als auf Honig basierende Medikamente verwenden. Fragen Sie einfach einmal in Ihrem Reformhaus nach und ansonsten kontaktieren Sie mich – ich verrate Ihnen gern meine Bezugsquellen.

Das ist nur ein kleiner Geheimtipp am Rande. Aber ein unglaublich kostbarer Geheimtipp, der unter Umständen lebensverändernd wirkt … Met, das Lebenselixier der Germanen, hat auch noch ein paar andere äußerst wohltätige Wirkungen, aber die passen nicht alle in diese Fußnote, fürchte ich. Probieren Sie's einfach aus – und schreiben Sie mir, was Sie so beobachten.

Pfingstrose von geradezu atemberaubender Schönheit, die den Namen seiner Frau Pilar trägt und die er angeblich mit Kakao und Bienenbrot düngte. Als er seinen *einhundertundzehnten* Geburtstag feierte, antwortete er augenzwinkernd auf die neugierige Frage der Journalisten, was er denn für die Zukunft plane: »Na ja, sterben halt.« Aber irgendwie, fügte er dann noch ein wenig nachdenklich hinzu, habe er sich noch nicht so recht dazu entschließen können, die Bücher für immer aus der Hand zu legen. »Weiß der Himmel, ob es im Himmel etwas Gescheites zu lesen gibt«, gab er zu bedenken. Zweimal die Woche komme das Börsenblatt des deutschen Buchhandels und – ein bisschen weniger häufig – die Zeitschrift »Lire«. Darin sei von so vielen unglaublich interessanten Neuerscheinungen die Rede, dass er mit dem Ableben noch ein bisschen warten wolle. Wie lange er sich aber noch durchmogeln könne, erklärte er, stehe allerdings in den Sternen. Bis dahin wolle er jeden Tag, an dem er das Privileg habe, morgens aufzuwachen, so zu leben versuchen wie damals, als er noch jung war, mit siebzig. Das Schöne an seinem hohen Alter, fügte er noch hinzu, sei, dass man irgendwie jeden Tag Geburtstag habe …

»Le lire, vous savez, c'est bon pour le cœur – et ce qui est bon pour le cœur, c'est bon pour le corps également«, was zu Deutsch in etwa so viel heißt wie: Lesen, müssen Sie wissen, ist gut fürs Herz und was dem Herzen gut tut, ist auch der Gesundheit förderlich. Einhundertzwölf glücklich verbrachte Lebensjahre, denke ich, sind Beweis genug für diese Behauptung.

Mein Onkel hat mir damals eine Lektüreliste[33] mit auf den Lebensweg gegeben, die mir unlängst, als ich auf das Geheimnis des Kreuzworträtsels stieß, in die Hände fiel. Und da kam ich, sozusagen von hinten durch die Brust ins Auge, schlagartig darauf, was mir an all den einschlägigen Tipps, mit denen man uns in der Ratgeberliteratur abspeist, gefehlt hatte: Dort fiel kein einziges Wort zum Thema Lesen, geschweige denn zum Thema Bücher!

Es ist nun wirklich nicht so, dass ich Ihnen hier davon abraten will, eine Zeitschrift wie die »Bärenhaut« zum Beispiel zu lesen. Mag ja alles stimmen. Aber tun Sie mir bitte einen Gefallen: Pfeifen Sie auf alle noch so wohlmeinenden Ratschläge, sobald Sie merken, dass das Thema Bücher in diesen Publikationen überhaupt keine Rolle spielt. Ich meine – gibt es eine schönere, sinnvollere Beschäftigung als Lesen, was ist beruhigender, beglü-

---

[33] Schreiben Sie mir, wenn Sie an dieser Liste interessiert sind, ich gebe sie immer wieder gerne an meine Leser weiter. Außerdem bin ich mir ziemlich sicher, dass auch IHR BUCHHÄNDLER UM DIE ECKE eine solche Liste besitzt. Sonst wäre er nämlich garantiert nicht Buchhändler geworden ...

ckender? Womit lässt sich Stress am wirkungsvollsten bannen?[34]

Lesen – das gehört doch nun ganz eindeutig zu den Dingen, die uns jung halten, da beißt die Maus keinen Faden ab. Und Lesen kommt in der Anti-Aging-Literatur so gut wie gar nicht vor.

In einem dieser Bücher, das ich besonders gefressen habe, erklärte die Autorin das Bett doch tatsächlich zur *Tabuzone* – hier dürfe nur geschlafen und geschnackselt werden (obwohl ich glaube, dass sie ein etwas anderes Wort als Schnackseln verwendet haben dürfte, aber es kam ungefähr auf dasselbe raus). Jedenfalls dürfe im Bett weder gegessen noch Tee getrunken und vor allem nicht gelesen werden. Das Bett sei für solch *banale* Verrichtungen absolut tabu, behauptete die Autorin, die das Thema Fernsehen interessanterweise mit keinem Wort erwähnte, woraus ich schließe, dass sie keine Kinder hat und auch sonst keine Ahnung. Ich muss Ihnen sagen, ich schnappte nach Luft, als ich den Blödsinn las.

Das mit dem Essen kann ich ja irgendwie verstehen, man weiß ja schließlich als kultivierter Mensch, dass Krümel piksen, und ich schätze mal, dass jeder irgendwann in seinem Leben sich von der Gültigkeit des uralten Merk-

---

[34] Ich weiß, ich weiß – das sind natürlich ziemlich eindeutige Suggestivfragen einer Buchhändlerin …

satzes »Wer nie sein Brot im Bette aß etc. etc.« überzeugen konnte. So weit war das also okay. Außerdem gibt es tatsächlich ein paar Dinge, die ich nun nicht im Bett machen würde, meine Buchhaltung zum Beispiel. Aber für eine ganze Reihe von anderen angenehmen Zeitvertreiben ist das Bett doch wie geschaffen!

Schon das Teetrinkverbot fand ich befremdlich und als ich schließlich auf diese *Schote* mit dem Lesen stieß, hätte ich diese Schwarte um ein Haar quer durchs Zimmer gepfeffert – mittenmang in die Libri[35]-Transportkiste, in die ich flugs all die Bücher zu versenken pflege, die ich aus dem Laden mitbringe, die ich aber nicht im Hause haben will, entweder weil sie mich nicht überzeugen oder weil es sich definitiv um *Schrott* handelt. Und davon gibt es heutzutage leider eine ganze Menge, um es mal *sehr* vorsichtig auszudrücken. Das meiste – vor allem auf der

---

[35] Libri ist einer der Buchgrossisten, die Ihnen binnen maximal vierundzwanzig Stunden jedes Buch herbeizaubern, das Sie sich wünschen. Das hat übrigens nur der deutschsprachige Buchhandel. In keiner anderen Weltgegend ist das Besorgen von Büchern so gut organisiert wie bei uns. Schon gar nicht in den Staaten. Die Amerikaner haben versucht, das Libri-Konzept abzukupfern, aber offensichtlich sind sie, wie Katrina gezeigt hat, in Sachen Logistik nur gut, wenn es um Waffen geht, wenn diese despektierliche Randbemerkung ge-

Thriller- und Schmachtfetzenebene – kommt aus Amerika, wo man offensichtlich ein unstillbares kulturelles [36] Sendungsbewusstsein hat und deswegen die Lizenzen säckeweise zum Ramschpreis auf den Markt wirft. Und das, muss ich Ihnen sagen, verleidet mir manchmal die Freude am Buchhandel, denn es wird jedes Jahr mehr, wie mir scheint, von dem aus den Staaten importierten Zeug.

Man kennt das inzwischen vom Fernsehen, man braucht sich ja nur hin und wieder durchs Programm zu zappen und weiß: Hollywoodfilme sind ganz leicht daran erkennbar, dass da entweder gerade geballert oder mindes-

---

stattet ist. Aber was nun mal wahr ist, ist wahr. Für uns sind diese Libri-Transportwannen, wenn wir sie des Morgens auspacken, immer hochspannend, und sie erfüllen uns täglich mit Dankbarkeit dafür, dass wir in Good Old Europe leben dürfen, in diesen bis auf die Knochen kultivierten Ländern der Alten Welt …

[36] Wenn von Kultur in diesem Zusammenhang denn überhaupt die Rede sein kann.

[37] Amerikanische Kinder werden, wie ein Soziologe unlängst hochrechnete, bis zur Einschulung Zeuge von ca. vierzigtausend Gewalttaten. Danach lernen sie dann – Hand aufs Herz – die amerikanische Nationalhymne und die Bill of Rights auswendig. Sie lernen auch, dass der liebe Gott die Erde in sie-

tens ein Auto geschrottet wird oder dass *gerade irgendwas in die Luft fliegt, paff!*, denn die Amerikaner haben, wie man hört, seit kurzem ein *verfassungsmäßig verbrieftes Grundrecht auf Explosionen*. Offensichtlich guckt sonst, wenn nicht wenigstens alle fünf Minuten eine Bombe hochgeht, keiner mehr hin.[37]

Ich meine, wann fällt diesen pyromanen Knaben bloß etwas Neues, Originelles ein? Etwas *wirklich Witziges zum Beispiel*, wofür man keine Lachkonserven braucht. Jedenfalls nicht diese haarsträubenden *Katastrophenfilme* oder auch die »*Spladder-movies*«,[38] gegen die Godzilla wohl noch harmlos war. Ich dachte schon, dass dieser Dino-

---

ben Tagen erschaffen hat, genauso wie es in der Bibel steht, und dass dieser englische Saftsack Darwin, der die »Theorie« der Evolution entwickelt hat, ein gottloser Gesell war. Die amerikanischen Kinder lernen auch, dass der Storch die Kinderlein bringt, so wie Santa Claus die Geschenke, sie lernen, dass es okay ist, einen Auftragskiller zu einem bärbeißigen, aber durchaus sympathischen *Helden* eines Spielfilms zu machen. Dass es aber unanständig ist, zwei Menschen verschiedenen Geschlechts in einem Bett zu zeigen. Armes, armes Amerika.

[38] abgeleitet von engl. *to spladder* – spritzen. Gemeint ist die Art von Filmen, die den Zuschauer das kalte Grausen lehren.

film kaum noch getoppt werden könne, aber da sieht man mal, wie man sich manchmal täuschen kann: Schlimmer geht immer.

Wer weiß, vielleicht liegt dieses auffällige Kreativitätsdefizit unserer armen amerikanischen Cousins ja an den oben näher beschriebenen Bulettenburgern? Nicht auszuschließen.

Man soll also im Bett nicht lesen, ja? Wo sonst, wenn nicht im Bett, bitte schön? Im Lesesessel etwa? Ich meine, welcher arbeitende Mensch, der sich den ganzen lieben langen Tag über die Hacken abläuft, setzt sich des Abends in seinen *Lesesessel?* Wo er dann wegschläft und um zwei Uhr nachts, wenn er aufwacht, zusehen kann, wie er in die Horizontale kommt. Das passiert einmal, vielleicht auch zweimal, und wenn man sich beim dritten Mal in seiner dösigen Schlaftrunkenheit irgendwo den Kopf angehauen hat, dann hat man auch gelernt, dass man lieber rechtzeitig zu Bett geht. Ich bin immer schon froh, wenn ich noch das Licht auskriege, meistens nimmt mir mein Mann das Buch ab, in dem ich gerade lese, wenn er selbst ins Bett geht. Ich *kann* also nur im Bett lesen – außer sonntagnachmittags vielleicht einmal, wenn die Kinder bei unseren Satellitenschüsselnachbarn sind und vor der Glotze hängen. Dann haben mein Mann und ich Zeit und Muße, Tee zu trinken und uns gegenseitig was vorzulesen – und das ist etwas, was ich nicht um alles in der Welt missen möchte. Aber während der Woche?

Ich muss sagen, ich schreibe oft auch im Bett, aber nur im Winter und wenn Peter unterwegs ist, denn sonst könnte ihn das Klacken meiner Schlepptop-Tastatur stören. Dann sitze ich glücklich unter meinem schönen warmen Federbett, trinke einen Pott Tee nach dem anderen dazu, schreibe vor mich hin und bin mit mir und der Welt im Reinen, jedenfalls im Wesentlichen. Morgens um sieben [39] ist die Welt bekanntlich noch in Ordnung, morgens um sieben hat man das Gefühl, man kriegt das alles hin … Aber im Bett Tee trinken oder gar schreiben, das ist – wie dieser Ratgeber behauptet – nicht erlaubt.

Ich gehe jede Wette ein, dass diese oberlehrerinnenhafte Jennifer Wisecrack (so ähnlich hieß sie wohl) seit dem Ende ihres Studiums kein Buch mehr von einem Deckel zum anderen gelesen hat und dass sie ohne das Rächtschreibprogramm in ihrem Computer total aufgeschmissen wäre. Ja, ich erhöhe sogar die Wette, indem ich behaupte, dass sie gar nicht lesen *kann*, jedenfalls nicht wirklich, und nur irgendwann mal mehr durch

---

[39] Die Zeitangabe stimmt übrigens nicht ganz – dass morgens um sieben die Welt noch in Ordnung ist, habe ich nur Eric Malpass' wegen geschrieben, tatsächlich kommen die Kinder um sieben schon zum Frühstück. Mir bleibt also zum Glücklichsein nur die Zeit zwischen fünf und drei viertel sechs. Aber immerhin. Besser als nix.

Zufall und aus Versehen drei bis fünf Sachbücher über Reiki, Ayurveda und Fengshui oder weiß der Henker was auf einem Kaufhaus-Wühltisch entdeckt hat (das Kilo für zwei Euro oder besser gesagt Dollar, denn das Teil kam natürlich auch aus Amerika [40]).

Ich kenne diesen Typ von Leuten, die sich einen mit Goldbronze bepinselten Plaste-Buddha auf ihren Schreibtisch stellen, ein Kerzchen dazu »for inspiration« und darob meinen, einen auf *Om* und auf großen spirituellen Führer machen zu können.

Ich dachte, als ich nach und nach auf diese Zusammenhänge kam, an das, was mein Großvater zu sagen pflegte: *Hüte dich vor Leuten, die mehr Bücher schreiben, als sie besitzen,* und ein Zeug zusammenschustern, dass einem die Zehennägel hochklappen ... [41] Nicht wenige Schreiber haben einen mächtigen Trend entdeckt, diesen im Grunde sehr richtigen Wunsch nach einem einfacheren, über-

---

[40] Tut mir ja Leid, dass ich an unserer Leitkultur (Leidkultur?) wirklich kein gutes Haar lasse. Aber ich brauche inzwischen schon Stimmungsaufheller, wenn ich über die Verhältnisse auf der anderen Seite des Atlantiks genauer nachdenke. Ich kenne sie aus eigener Anschauung nämlich ziemlich genau und wenn ich dann an »Deutschland denke in der Nacht, bin ich (nicht nur) um den Schlaf gebracht«, sondern auch um meine Seelenruhe. Heiligs Blechle.

sichtlicheren Leben. Wir leben in einer mächtig komplizierten Zeit und manchmal, muss ich Ihnen sagen, überfordert mich schon allein das, was unsere Tageszeitung bringt.

Wir sind für ein ruhiges, beschauliches Leben gemacht. Sich einfach hinsetzen, die optische und akustische Reizüberflutung eindämmen, einen Baum anschauen, eine Wasserfläche, ein Feuer in einem Kaminofen. Oder – in Ermangelung all dieser Utensilien – einfach nur ein wirklich gutes Buch lesen … Das scheint mir eines der Geheimnisse der Leute zu sein, die sich auf die Kunst, die Zeit anzuhalten, verstehen. Und die schon allein deswegen nicht alt werden können … Einfach etwas sehr, sehr Gutes lesen – und alles Schlechte, das uns doch nur runterzieht, von uns fern halten. Das ist die einfachste Möglichkeit, dem Alter ein Schnippchen zu schlagen. Halten wir das mal fest.

Es schadet natürlich durchaus nicht, wenn man *darüber hinaus* etwas für die körperliche Fitness tut. Und das Spazierengehen nicht vergisst. Klar. Es ist schon richtig und wohl auch irre gesund, sich so viel wie möglich an Bewegung zu verschaffen. Will ich auch gar nicht in Abrede stellen.

---

[41] Nach dem Motto »Das bisschen, was ich lese, kann ich mir auch selber schreiben.«

Auch sollte man Fast- und Junk-Food tunlichst vermeiden, nicht nur, weil es notorisch schädliche Inhaltsstoffe hat, sondern weil uns die Aufnahme minderwertiger Nahrungsmittel davon abhält, wirklich gute Nahrungsmittel zu uns zu nehmen. Es ist auch durchaus empfehlenswert, seinen Alkoholkonsum einzuschränken und seinen Stresslevel mit Meditation, Yoga und anderen mehr oder weniger transzendental ausgerichteten Techniken zu reduzieren – das alles kann man in den guten Büchern über die Kunst, mindestens zwanzig Jahre lang vierzig zu bleiben, nachlesen.

Auch sollte man nicht rauchen. Das ist alles bemerkenswert richtig. Wie erklärt es sich dann aber, überlegte ich

---

[42] oder Presssack oder wie das Zeug heißt.

[43] wie sie gerade den amerikanischen Markt überschwemmen. Von dort kommt inzwischen auch die grässlichste Droge aller Zeiten: *Crystal Meth*, ein Amphetamin, das Glücksgefühle auslöst, seine Opfer in kurzer Zeit extrem süchtig macht und extrem krank – und binnen kurzem völlig zerstört. Heroin, sagen Experten inzwischen, sei geradezu gesund im Vergleich zu den tödlichen Kristallen, die sich jeder aus frei verkäuflichen Grippemitteln selber kochen kann, wenn er doof genug dazu ist. Aber auch die bemerkenswerte Entstehungsgeschichte dieses Zeugs ist wieder mal typisch für dieses kranke Denken: Statt sich die Glücksgefühle auf

mir an dem Tag, da ich über all die ollen Schoten nachdachte, wie erklärt es sich dann, dass unser ehemaliger Bundeskanzler Helmut Schmidt, der inzwischen knapp *achtundachtzig* Jahre alt ist und der, wie es scheint, nicht eben wenig raucht, dabei fast noch genauso aussieht wie früher, wie ein junger Gott nämlich?

Was ist wohl sein Geheimnis, frage ich mich. Ich wette, dass er seinen Leib weder mit *Nordic Walking* noch mit Selenpillen stählt. Er nimmt sich des Abends, darauf können Sie Gift nehmen, nicht einmal ein Gläschen Doppelherz zur Brust und auch keinen Ginkgo-Extrakt, er braucht weder *Protzsack*[42] noch andere Stimmungsaufheller.[43] Nein.

---

ganz natürliche Weise zu verschaffen, finden die ganz Cleveren dieser Welt immer einen »Shortcut« zum Glück, eine Abkürzung, die ihnen erlaubt, an diese himmlischen Gefühle ohne jede Anstrengung zu gelangen … Der Preis, den sie für ihre Faulheit zahlen, ist gigantisch, aber man muss ja nicht gleich zahlen, die Abrechnung kommt, wie bei ihren Kreditkartengeschäften, ja erst nach ein paar Wochen. Doch während dieser paar Wochen lässt Crystal Meth (Chrystal Mess) seine Opfer um Jahrzehnte altern. Auch hierzulande wird die Partydroge inzwischen Mode. Es ist entsetzlich. Mal ehrlich – was ist im letzten halben Jahrhundert an Gutem aus Amerika gekommen?

Der Mann sieht ganz einfach so gut aus, weil er garantiert *keine* Kreuzworträtsel löst. Und seine Zeit *nicht* verplempert. Weil er seit vielen Jahren Mitherausgeber der ZEIT ist und sich über sämtliche Dinge, die diesen quietschenden und eiernden Globus aus dem Takt zu bringen drohen, informiert hält. Und gelegentlich, wenn es ihm zu bunt wird, einen Kommentar dazu abgibt, der auf ziemlich bemerkenswerte Weise stets den Kern der Sache trifft. Erinnern Sie sich noch an seine hellsichtigen »Berichte zur Lage der Nation«? Sie gehören zum Besten, was je über uns geschrieben wurde … Und das ist eben der Punkt: Helmut Schmidt hat sich – ebenso wie andere Menschen, die Talent haben zum Glück – stets auf die Kunst verstanden, *sich nicht zu unterfordern.*

Wenn man tut, was man kann, tut man auch, was man soll – was Mutter Natur nämlich oder der liebe Gott (oder wer auch immer dafür verantwortlich zeichnet) für uns vorgesehen hat. Wir haben alle unsere Aufgaben zu erfüllen und solange wir das tun und nicht mauern, bleiben wir jung. So einfach ist das im Grunde.

Sobald man jedoch anfängt, länger als dreieinhalb Wochen am Stück zu relaxen, beginnen sich die ersten Neuronen vom Acker zu machen. Und man wird untüchtig. Und zum Schluss sitzt man dann nur noch auf der zitierten Parkbank, wackelt mit dem Kopf und wird sich, selbst wenn eine hübsche Achtzehnjährige vorbeistöckelt, nur noch vage an das erinnern, womit man hübsche Achtzehnjährige üblicherweise in Verbindung bringt. Machen wir uns nichts vor, Leute, so ist es doch: Die Kunst, jung zu bleiben, haben nur die Zeitgenossen drauf, die ihr Potential voll ausnutzen.

Ich habe Herrn Schmidt, den ich von allen zeitgenössischen Deutschen am meisten bewundere, zwar nie getroffen (und ich gäbe etwas darum, ihn einmal *live* zu erleben), aber ich weiß genau, welchen Kommentar er zu den Kreuzworträtseln abgeben würde, die in der Ratgeberliteratur als ausreichend zur Erhaltung der geistigen Fitness betrachtet werden: »Die Menschheit«, würde er sagen und sich dabei eine von seinen Mentholzigaretten anzünden, »die Menschheit hat nicht das Rad erfunden und auch nicht die tiefen Teller, indem sie *Kreuzworträtsel* gelöst hat. So ist weder der Kölner Dom gebaut worden noch die Dresdner Frauenkirche. Und Kant, schätze ich mal, wäre wohl auch nicht auf die Idee mit dem kategorischen Imperativ gekommen, hätte er in seinen Mußestunden Schiffe versenken gespielt. Oder glauben Sie, dass Carl Benz sich in seiner Garage über einen italienischen Fluss mit *zwei Buchstaben* Gedanken gemacht hat? Damit verfilzt man sich nur jede Menge Gehirnmasse, die eigentlich für etwas ganz anderes gedacht wäre. Die Idee allein ist so abwegig, dass jedem vernünftigen Menschen beim schieren Gedanken daran, wie viel geistiges Potential dadurch brachliegt, das kalte Grausen packt. Wir bleiben nur so lange jung, wie wir in Bewegung bleiben und uns Ziele setzen, wir bleiben jung, solange wir versuchen, diese Welt zu verbessern, oder auch nur anderen den Anstoß dazu geben, etwas zu verändern, was in die richtige Richtung geht. Das ist das ganze Geheimnis.

Wir bleiben nicht jung, indem wir nach dem Stein der Weisen suchen und dem ultimativen Lebenselixier. Wir bleiben nicht jung, indem wir uns zum Frühstück einen Pott Müsli zuführen und danach mit der Inbrunst eines gläubigen Adepten irgendeiner neuen Sekte einen Vitamincocktail und des Abends noch ein Fläschchen Sojamilch ...

Verstehen Sie mich recht. Das mag ja alles ganz gesund sein. Es schadet wohl auch nicht. Vor allem an der Sache mit dem Müsli ist etwas dran, sonst wären die Schweizer ja wohl auch nie auf die geniale Idee mit dem Bankgeheimnis gekommen.

Und die Erfindung des Schweizer Armeemessers und der Taschenuhren und der Calida-Unterhosen ist, wie man hört, letztlich wohl auch auf den wohltätigen Einfluss des Birchermüslis zurückzuführen.

Doch einmal davon ganz abgesehen: Die wirklichen Lebenselixiere kann man nicht kaufen, obwohl die Jungmacher-Industrie diesen Eindruck gern vermittelt.

Und doch: Narziss ist der neue Gott, zu dem wir beten

sollen. Tu dir selbst was Gutes, sonst tut es nämlich keiner. Frei nach dem genialen Motto, das Oscar Wilde dem Protagonisten seines ›perfekten Ehemanns‹ in den Mund legt, als er den Sitz seiner Krawatte im Spiegel prüft. ›Die Liebe zu sich selbst‹, sagt er, ›ist der Beginn einer lebenslangen Romanze.‹

Das kann es nicht sein. Gut denken, gut leben – und jeden Tag versuchen Gutes zu bewirken, das ist es, was uns jung erhält. Dafür werden wir belohnt. Für Narzissmus hat Mutter Natur nämlich noch nie was übrig gehabt.«

So, schätze ich mal, würde Helmut Schmidt es sagen. Vielleicht nicht genau mit diesen Worten, aber darauf liefe es letztendlich wohl hinaus.

III.
Ewig jung ist nur die Phantasie – der Geheimnisse dritte Lieferung

Ich schätze mal, dass ich so ungefähr getroffen habe, was unser alter Bundeskanzler zum Thema Jungbleiben wohl gesagt hätte, wenn ich ihn denn wirklich danach hätte fragen dürfen. Aber ich bin eben nur Mariechen Altemöller und wer bitte, ist Mariechen Altemöller? Leute, die Mariechen heißen, kriegen bei *wirklich feinen Leuten* sowieso nie einen Termin, braucht man gar nicht erst zu probieren. Die Mariechen dieser Welt sind wahrscheinlich alle ein wenig wie ich: gutwillig und ein bisschen naiv,[44] weil wir uns weigern, damit aufzuhören, an das Gute zu glauben (wo doch so gut wie alles dagegen spricht), und weil wir immer denken, dass man die Welt doch noch verändern kann, wenn nur jeder etwas dazu

---

[44] Natur-stoned nennt mein Mann diesen Zustand zuweilen: stoned ist der Zustand, in den man sich mit ein wenig Dope versetzt, aber ich brauche das gar nicht, weil ich immer so bin, von Haus aus sozusagen. Ich schwebe immer ein wenig über den Dingen, begucke mir die Chose von oben, von wo aus man einen wunderbaren Überblick hat. Das Problem ist nur, dass ich ständig auf der Suche nach meinen Schlüsseln bin oder auch irgendwelche anderen Dinge verschussel.

beiträgt. Darüber schreibe ich gelegentlich ein Buch, scheue mich auch nicht, darin so Sätze wie »Jeder ist ein Engel dort, wo er steht«[45] oder »Vergiss nicht, dass deine Seele Flügel hat« unterzubringen, und bilde mir ein, doch etwas bewegen zu können. Ich bewege zwar manchmal etwas nach der Art des blinden Huhns, das zuweilen auch ein Korn findet, und doch streifen mich trotz allem oft die dunklen Flügel der Melancholie und ich verzweifle schier bei dem Gedanken an die Trägheit dieses Riesenapparats, der sich eben einfach partout nicht bewegen lassen *will*.

Was tun? Weiter an das Gute glauben? Fällt manchmal schwer, wenn man Zeitung liest. Ich weiß nicht, wie es Ihnen geht, aber mir schlagen sich all die schlechten Nachrichten inzwischen so was von aufs Gemüte, dass ich schon mit dem Gedanken gespielt habe, die Zeitung überhaupt abzubestellen. Doch da macht mein Mann nicht mit – schon allein wegen des Sportteils. In der Welt des Sports herrsche noch Fairness und Teamgeist, hat er

---

[45] Was bei Zeitgenossen, die zu wissen glauben, wo es langgeht, stets nur ein mitleidiges Lächeln auszulösen pflegt. Aber ich habe inzwischen gelernt, auf die ollen Pfeffersäcke zu pfeifen, auf die großen Verhinderer und auf die Besitzstandswahrer, die offensichtlich nur am Haben, nicht aber am Sein interessiert sind.

mir letzthin erklärt, und das tue ganz einfach gut. Er überfliegt beim Zeitunglesen die Mord- und Totschlagseiten nur und blättert sich gleich zum Sport durch. Mir leuchtet das ein: Seit einiger Zeit lese ich die Tageszeitung auch nur noch von hinten und seither, muss ich Ihnen sagen, geht es mir besser. Denn Zeitunglesen macht inzwischen Stress. Und Stress, das haben wir ja schon gelernt, ist gar nicht gut fürs Immunsystem. Wo bleibt bloß das Positive, frage ich mich, wenn ich dann schließlich bei den Schlagzeilen ankomme, die ja nicht umsonst so heißen. Manchmal finde ich es kaum noch erträglich, was sich da an Abgründen auftut. Wenn man so etwas Tag für Tag für Tag liest, ergibt sich leicht ein Abbild dieser Welt, die es so eigentlich gar nicht gibt.

Nach einer uralten und leider von niemandem bezweifelten Journalistenregel ist nur eine schlechte Nachricht eine gute Nachricht – aber bitte, wollen Sie immer nur Schlechtes lesen? Ich wette, dass das Blutbild eines Menschen, der gerade die Titelseite eines x-beliebigen Boulevardblattes gelesen hat – *mordsschlecht* ist! Das ließe sich mit einem simplen Immuncheck nachweisen. Wer hingegen gerade etwas Gutes gelesen hat oder mit einer Tüte voll Büchern aus einer schönen Buchhandlung kommt, der hat garantiert ein Superblutbild, verlassen Sie sich drauf!

Sehen Sie, eines der Geheimnisse der Leute, die auf ihre Art immer jung bleiben, ist: Sie setzen sich und die Ihren so selten wie nur irgend möglich dem Hässlichen aus, sondern nur dem Schönen.

Und Schlagzeilen, seien wir doch mal ehrlich, sind hässlich. Hässlich wie die Nacht. Aber leider, leider ist man in den Redaktionen dieser Welt noch nicht darauf gekommen, dass die verehrte Leserschaft nicht so sensationsgierig ist, wie man immer meint – das ist auch eine von diesen Uraltkamellen.

Die meisten Menschen, die ich kenne, würden eigentlich viel lieber etwas Nettes lesen, weil uns schlechte Nachrichten einfach runterziehen. Und deswegen lautet mein Tipp: Schreiben Sie jede Woche einen Leserbrief an Ihre Zeitung und vermitteln Sie den Dödeln, die offensichtlich gar nichts merken, die Einsicht, dass wir den Vogelgrippenjournalismus gestrichen satt haben und dass wir stattdessen täglich mindestens eine Seite mit guten Nachrichten lesen wollen!

Wahrscheinlich halten Sie die Idee für ziemlich abwegig und doch wird, wie Hesse einmal sehr richtig beobachtet hat, nur der das Mögliche erreichen, der das Unmögliche versucht. Ich weiß, dass das eine Mariechen-Technik ist, aber man muss schon hin und wieder ein wenig blauäugig sein, wenn man – wenigstens zeitweise – in den Genuss des so wichtigen Wohlfühlhormons DHEA kommen will, das nachgewiesenermaßen sämtliche Alterungsprozesse in unserem Körper nicht nur ein wenig beeinflusst, sondern steuert. Das heißt konkret und etwas vereinfachend ausgedrückt: Am weitesten in der Kunst des Jungbleibens werden es stets die Zeitgenossen bringen, die ...

1. sich darauf verstehen, unnötigen Stress und alles *Hässliche* von sich und den Menschen um sie herum (das ist wichtig!) fern zu halten;
2. sich und die Ihren so viel wie möglich dem *Guten, Schönen und Wahren* aussetzen (ja, ja, ich weiß, das ist jetzt wieder eine von diesen ganz naiven Formulierungen. Gut. Okay. Geschenkt. Aber ein paar Blauäugige muss es ja geben, die den ollen Pfeffersäcken die gelbe Karte zeigen, oder? Wenn wir das alle tun, kriegen wir die Burschen sogar vom Platz! Und dann können wir die Regeln neu definieren und Teamgeist und Fairness wieder zu ihrem Recht verhelfen.);
3. ihren Medienkonsum stark einschränken – und sich von nichts Negativem mehr runterziehen lassen, beispielsweise von den als Nachrichten daherkommenden Enten, dass es mit Deutschland bergab geht, und zwar pausenlos ...
4. sich in der dadurch gewonnenen Zeit (und das ist nicht eben wenig) all den schönen Dingen widmen, die der Seele ganz einfach gut tun. Und nicht nur der eigenen, sondern auch der Seele von anderen, weil sie nämlich wissen, dass wir die meisten Endorphine als Belohnung immer dann von Mutter Natur erhalten,

wenn wir etwas für andere tun. Tun wir jedoch etwas, was unser soziales Gewissen belastet, sinkt der DHEA-Spiegel im Blut. Wer zum Beispiel etwas kauft, was nur billig ist, obwohl er genau weiß, dass dieses Produkt nur deswegen diesen Preis haben kann, weil Kinderarbeit ihn ermöglicht hat, zieht sich damit selbst runter. Deswegen haben die Menschen, die am Haben interessiert sind und nicht am Sein, in puncto Alterserscheinungen schon mal die schlechteren Karten. Stellen Sie sich vor, Sie helfen einer alten Dame, die gerade mit ihren Einkaufstüten in einen Bus zu kraxeln versucht, und bieten ihr auch noch Ihren Platz an – während jede Menge anderer Zeitgenossen gerade wegkucken und sich mit dem Argument zu überzeugen versuchen, dass sie mindestens ebenso viel Recht auf ihren Sitzplatz haben wie diese alte Dame. Immerhin haben sie einen langen Arbeitstag hinter sich, sind müde und überhaupt: »Jeder muss sehen, wo er bleibt. Man kriegt nichts geschenkt etc. etc.« Sie kennen ja die Texte, die diese verdammte Erziehung zum Narzissmus uns einzutrichtern beliebt.

5. Wer, glauben Sie, hat hinterher den höheren DHEA-Spiegel? Sie oder der Griesgram? Sie oder der Schnäppchenjäger? Blöde Frage. Höflichkeit hält jung – und die Kunst, an das Gute zu glauben und das Gute zu tun.

6. »Ich habe jeden Tag meines Lebens versucht, etwas Schönes anzuschauen, etwas Neues zu lernen und zu lesen, etwas Gutes zu hören, etwas Gutes zu sagen oder zu schreiben – und mindestens einem Menschen etwas Gutes zu tun«, sagte der *einhundertundzehnjährige* Jean-Jacques van Keuping, als ich ihn damals besuchte. Und das, Freunde, ist es doch! Die Ideale, die er im Herzen trug, hielten den alten Feuerkopf jung. Die Flachköpfe werden dagegen immer den Kürzeren ziehen.

Lassen Sie mich Ihnen dazu noch eine Geschichte erzählen. Die Geschichte vom *Rosenverschenker*: In meinem Städtchen gibt es einen alten Herrn, den nun schon auf die neunzig zugeht und den ich oft in unserem Blumenladen um die Ecke treffe. Einst war er Grundschullehrer, aber inzwischen lebt er seit vielen, vielen Jahren im Altersheim. Er geht jeden Tag, wie ich von meiner Nachbarin erfahren habe, in besagten Blumenladen und kauft eine Rose, genauer gesagt nur die Knospe einer Rose, die er sich dann ins Knopfloch steckt. Danach spaziert er durch die Stadt, plaudert hier und dort ein wenig und kommt auch zu uns zum Kaffeetrinken, bevor er sich wieder auf den Weg macht und Menschen, die gerade dringend eine Rose in ihrem Leben brauchen, die Blume aus seinem Knopfloch verehrt …

Eine Rose ist nicht nur eine Rose, sondern eine gute Tat.

Ich wette, dass unser Rosenverschenker Blutwerte hat wie ein junger Gott. So wie Helmut Schmidt. Während die Gierhälse, würden sie hin und wieder mal ihren Puls prüfen, erstaunt feststellen würden, dass sie gar nicht mehr leben.

Ewig jung ist nur die Phantasie – sagt Schiller. Nun, Schiller starb (relativ) jung, weil ihm die ewige Sorge um das tägliche Brot vorzeitig den Garaus machte, es nützt nichts, diese Tatsache verheimlichen zu wollen. Bei Schillers ging es immer knapp zu, und das ist etwas, was einem die Freude am Leben schon sehr nehmen kann. Ich wäre die Letzte, die etwas anderes behaupten wollte. Frau Sorge, dieses Aas, ist eine *penetrante Schlampe*, deren schrille, hysterische Stimme ich zuweilen des Nächtens um viere vernehme – und aus und vorbei ist es mit dem Schlafen. Ich stehe auf, vermeide es tunlichst, in den Spiegel zu gucken, weil ich schon das ts,ts meiner Kosmetikerin zu hören glaube und fürchte, dass sie mir wieder erst mal einen Kostenvoranschlag anbietet, bevor sie sich an die Arbeit macht ...

Dann tapere ich in die Küche, mache mir einen Tee, verziehe mich in meine (zum Arbeitszimmer umgebaute) Besenkammer und *schreibe*. Danach geht's mir sofort besser.

Schreiben hat diese Wirkung. Sie können auch sticken, stricken oder eine Krippe basteln, eine Wiege bauen oder aus winzigen Stoffresten einen Topflappen zusammenpatchen – das kommt alles im Grunde auf dasselbe raus. Nichts ist schöner – nichts außer Lesen vielleicht und, na ja, meinem Mann würde schon noch mehr einfallen … Aber ich muss sagen, wenn ich des Morgens um vier von der Sorge angenagt aus den Federn krieche und mich entsetzlich alt fühle, dann ist auch auf *der* Ebene bei mir ziemlich Essig, ehrlich gesagt. Ich wollte jetzt gar nicht so sehr auf das Thema Sex [46] eingehen, aber Sex gehört trotz allem zu den Dingen, um die es hier geht. Tatsache ist jedenfalls, dass ich nach so einer durchwachten Nacht, in der mich meine Kontoauszüge nicht schlafen lassen, auch darauf nicht mehr allzu viel Lust habe, und das ist traurig, aber wahr … Wenn man mich dann vor die Wahl zwischen einer Runde Schnackseln und einer guten Massage stellte, würde ich mich allemal für die Massage entscheiden. Stress und Depression reißen uns in die Abwärtsspirale, und allein deswegen ist es ziemlich wichtig, dass wir andere Methoden entwickeln, um den DHEA-

---

[46] Sex gehört übrigens auch zu den Beschäftigungen, die den DHEA-Spiegel extrem erhöhen. Wodurch sich zweifellos die Beliebtheit dieses schönsten aller Zeitvertreibe erklären lässt. Nach meiner Zählung allerdings nur der zweitschönste (siehe oben), aber das darf ich nur in einer Fußnote sagen, weil sich mein Mann sonst ärgert. Da er aber grundsätzlich keine Fußnoten liest, kann ich diese Info hier so reinschmuggeln …

Spiegel in die Höhe zu bringen, was sich am allerleichtesten eben mit Kreativität oder sozialem Handeln bewirken lässt. Sie sehen also, dass man die Zahl der Fliegen, die Kreative sozusagen mit einer Klappe ins Jenseits befördern, gar nicht überschätzen kann. Sich bloß nie hängen lassen!
Immer schöne und hinreichend hohe Ziele verfolgen – der Rest folgt dann von ganz alleine. Nichts beflügelt mehr, nichts überschwemmt den Körper mit mehr von diesen wunderbaren Glückshormonen, von denen die Gierhälse nicht einmal etwas ahnen, die armen Teufel.
Es besteht der dringende Verdacht, obwohl es noch keiner nachgemessen hat, dass Kreativität jeder Art – vor allem dann, wenn sie sozial ausgerichtet ist – den DHEA-Spiegel in die Höhe schnellen lässt.
Schon allein deswegen haben Künstler nicht nur eine im Durchschnitt weitaus höhere Lebenserwartung als Fernsehsesselmenschen. Goethe wurde zum Beispiel fast dreiundachtzig Jahre alt, und das war zu einer Zeit, da die durchschnittliche Lebenserwartung bei etwa knapp vierzig lag, schon sehr ungewöhnlich. Monet wurde sechsundachtzig (durchschnittliche Lebenserwartung um 1900: siebenundvierzig Jahre) und Renoir klemmte sich noch mit achtundsiebzig seine Skizzenblöcke untern Arm und ging ins Museum, um etwas zu kopieren und – dazuzulernen. Pablo Casals brachte es auf siebenundneunzig Jahre – und als der Schauspieler

George Burns einhundert Jahre alt wurde, behauptete er: »Mit dem Arbeiten aufhören, bloß weil man fünfundsechzig ist? Lächerlich! Mit fünfundsechzig hatte ich noch Pickel!«

Leute, mit sechzig, fünfundsechzig lässt sich locker noch ein ganz neues Leben anfangen. Doch wer klug ist, sollte nicht ganz so lange warten, vor allem dann nicht, wenn er sich ein etwas exzentrisches Hobby zulegt (wie zum Beispiel die Erforschung des Paarungsverhaltens der Coccinella quatuordecimpunctata) – denn sonst glauben die anderen, man werde schon ein wenig schrullig.

Kluge Köpfe fangen beizeiten an, ein kreatives Doppelleben zu führen. Und sich von den wunderbaren Glückshormonen, die es dafür gibt, in eine andere, bessere Welt tragen zu lassen: in die Welt der Ideale, in die Welt des Guten, Schönen, Wahren eben.

Idealisten leben nicht nur länger – sie sind, wie man inzwischen beweisen konnte – auch weniger krank, das heißt, sie haben eine um Welten höhere Lebensqualität als Couchpotatoes.

Wenn Sie jetzt den Verdacht hegen, ich würde Sie mit allen Mitteln davon überzeugen wollen, auf Pillen und Pülverchen zu verzichten und stattdessen kreativ zu werden, dann – liegen Sie genau richtig. Genau das will ich nämlich. Ich forsche seit gut und gern dreißig Jahren über das Thema und ich schätze mal, ich weiß mehr darüber als jeder andere in diesem schönen Land, in dem es, wenn die Bemerkung gestattet ist, keiner von unseren Politikern bislang für nötig erachtet hat, einen Etat für systematische Kreativitätsforschung zur Verfügung zu stellen. Außer ein paar graugesichtigen Fritzen, die von Kreativität so viel Ahnung haben wie der Papst vom Kinderkriegen, setzt sich hierzulande niemand, der selbst kreativ ist, bis zum Anschlag mit der Sache auseinander.

Und das ist ein ziemlich schwaches Bild, finde ich, und deswegen habe ich zu Beginn dieses Jahres mit eigenen Mitteln kurzerhand ein eigenes Institut in Lindau gegründet: das Lindauer Zentrum für Kreativitätsforschung. Auch das ist wieder mal eines von meinen ganz blauäugigen Projekten, aber wir werden ja sehen, was daraus wird. Warten Sie es ab … Hier in Lindau, wo ich inzwischen fast ständig lebe, können Sie mich auch jederzeit gern besuchen, hier werden von mir selbst und befreundeten Dozenten Schreibseminare angeboten und aus Lindau schicken wir Ihnen auch gerne einen Fragebogen, der dabei helfen kann, Ihre eigene, vielleicht verschüttete Kreativität wiederzuentdecken.[47]

---

[47] Briefchen an: Lindauer Zentrum für Kreativitätsforschung – Lindauer Schreibseminare, Maximilianstr. 3, 88131 Lindau am Bodensee, reicht. Ein Rückporto wäre nett und beschleunigt die Sache wesentlich.

Oder schreiben Sie mir unter: evaaltemoeller@aol.com

Denn was viele, die eigentlich gern kreativ wären, bedrückt, ist die Tatsache, dass ihre schöpferische Seite irgendwann verloren gegangen ist, in der Schule zumeist, und das ist ein Schaden, der sich so leicht nicht beheben lässt, wie ich gern zugebe.

Lassen Sie mich Ihnen dazu eine Geschichte erzählen, die leider sehr, sehr wahr ist. Als ich vorhin den Patchwork-Topflappen erwähnte, fiel mir das Ereignis, das ich bis vor kurzem zu verdrängen versucht habe, wieder ein. Es ist …

Die Geschichte vom Spüllappen

Lang, lang ist's her, zu einer Zeit, da das Wünschen aber auch schon nicht mehr viel half, da kam in einem winzigen Städtchen hoch droben im Norden unsere Handarbeitslehrerin auf die sehr originelle Idee, ihre sechsjährigen Schülerinnen aus lauter Stäbchen und Luftmaschen einen *Spüllappen* häkeln zu lassen. Unklar ist bis heute, ob wir dieses Utensil unsern Müttern zu Weihnachten, zum Geburtstag, zum Muttertag oder zum Tag der Arbeit verehren sollten.

Ich sehe das zähe blaue Baumwollgarn, das wir dazu verwenden mussten, heute noch vor mir. Es hat sich mir – leider – ebenso eingeprägt wie der Rest dieser fast schon tragischen Geschichte.

Kurz und gut: Mein Spüllappen wurde nicht sehr schön. Er hatte mehr so eine Trapezform und wies nirgends einen rechten Winkel auf. Heute bin ich sicher, dass Hundertwasser von dem Teil begeistert gewesen wäre, aber damals war ich noch nicht so weit. Der Lappen hatte also nicht die vorgeschriebene Form, erfüllte nicht eine einzige DIN-Norm, und das ist hierzulande, wo bekanntlich die in vielen Ländern dieser Welt üblichen Normmaße erfunden wurden, ein echter Makel.

Mein Lappen sah eher aus wie etwas, was Joseph Beuys seinerzeit in seinen mit Titeln wie »Fettecke« bezeichneten Installationen verwendete. Aber immerhin, dachte ich mir, ist es ja ein Spüllappen und Spüllappen sind ihrer Bestimmung gemäß meistens nass und können so leichthin rechte Winkel entbehren.

Meine Lehrerin sah das anders.

Mit einem Ausdruck unbeschreiblichen Ekels (als klebten an besagtem Lappen noch Reste vom Frühstücksei) nahm sie den Lappen samt meiner Person *vor die Tafel, stellte mich auf einen Stuhl*, ließ mich das Corpus Delicti ausbreiten und fragte die Klasse: »Was, glaubt ihr, soll das hier darstellen?«

Natürlich können Sie sich die Reaktionen der anderen ausmalen. Ich wäre am liebsten im Boden versunken. So ungefähr muss sich das arme Mädchen im »Scharlachroten Buchstaben« gefühlt haben. Damals benutzten wir zu Hause, wie alle sparsamen Menschen auch, zum

Putzen Lumpen, daher auch der Name »Putzlumpen«, die man aufs Geratewohl mit der Schere aus alten Betttüchern oder langen Herrenunterhosen herausschnitt. Die langen Unterhosen waren übrigens besonders beliebt für diese Zwecke, weil sie so schön dick waren und innen angeraut. Damit putzte es sich prima.

Sehr ästhetisch war das vielleicht nicht, aber damals, zu Beginn der Sechziger, war man in diesen Dingen noch nicht so weit. Heute gibt's Edelstahlspülbürsten, die von Automobildesignern entwickelt und im Windkanal getestet werden, aber zu den schönen Zeiten – an die zu erinnern nur die Älteren das Privileg haben – drehte man noch jede Mark um. Meine Fleißarbeit war also immerhin noch um Längen schöner als alles bisher Dagewesene. Warum ein Spüllappen unbedingt gerade Winkel haben musste, wollte mir nicht einleuchten. Ich ging geknickt zu meinem Platz zurück, weinte ein bisschen, denn ich fand, dass ich diese Blamage irgendwie nicht verdient hatte. Ein Lappen ist ein Lappen und keine Altardecke, verflixt noch mal, sagte ich mir.

Ich habe seit meiner Schulzeit, ob Sie's nun glauben oder nicht, nie mehr eine Häkelnadel angerührt. Ich saß während des restlichen Schuljahrs mit gekreuzten Armen im Unterricht da, guckte aus dem Fenster und dachte mir Geschichten zu den Möwen aus, die da draußen patrouillierten. Auch stricken habe ich mich zu lernen geweigert. In meinem Haushalt befindet sich zwar

ein Paar Stricknadeln, aber die brauche ich wirklich nur, um festzustellen, ob der Kuchen gar ist. Und leider fällt mir fatalerweise dann auch immer diese Geschichte vom Spüllappen ein. Da diese Schnalle von Handarbeitslehrerin wie alle Handarbeitslehrerinnen damals auch noch Religion gab, sackte ich natürlich in diesem Fach auch ziemlich ab, was zur Folge hatte, dass ich so einiges von den Metzeleien des Alten Testaments nicht mitbekam und meinen Glauben später nur aufs Neue Testament, das wir damals schon durch hatten, stützte. Aber auch das ist, genau genommen, kein Nachteil gewesen, denn jeder vernünftige Mensch, der AT und NT miteinander vergleicht, fragt sich ohnehin, ob da wohl von demselben Gott die Rede sein kann, und kommt theologisch gesehen ins Schleudern. So habe ich nur etwas über Christus gelernt und Nächstenliebe, während diese Aug-um-Aug-Zahn-um-Zahn-Schoten Gott sei Dank spurlos an mir vorbeigingen ... Doch davon mal abgesehen.
Es ist nicht ganz auszuschließen, dass dieses fast schon traumatische Ereignis meine Biographie ziemlich entscheidend beeinflusst haben dürfte. Ich sträubte mich danach zum Beispiel standhaft, ein hauswirtschaftliches Gymnasium zu besuchen, das nur fünf Minuten von unserer Haustür entfernt lag. Stattdessen durchquerte ich Morgen für Morgen die halbe Stadt, um nur niemals wieder eine Häkelnadel anrühren zu müssen, und lernte Latein, Englisch, Französisch und Italienisch. Mit drei-

zehn verliebte ich mich zum ersten Mal in meinem Leben ganz unsterblich in meinen wunderbaren Lateinlehrer, für den ich mir die Nächte nur so um die Ohren schlug, um seine Vokabeln zu pauken. Er hat nie bemerkt, dass ich alles nur ihm zuliebe lernte. So ist das: Wir lernen Dinge in der Schule weniger deshalb, weil sie uns wirklich interessieren, sondern weil wir den Lehrer lieben. Und wir lernen manche anderen Dinge, die vielleicht wichtiger wären, *nicht*, nur weil der Pauker ein Stinkstiefel war (oder wie in meinem Falle eine Schnalle). Manchmal frage ich mich, ob den Lehrern diese ziemlich entscheidende Rolle, die sie im Leben eines jeden von uns spielen, überhaupt bewusst ist. Ich fürchte, nein.

So kam es, dass ich ein paar Jahre später Linguistik studierte und eine Reihe von mehr oder weniger nützlichen Sprachen zu meinem Beruf machte. Der Spüllappen fiel also doch nicht so ganz zu meinem Schaden aus.

Und doch: Ist es nicht seltsam, dass ich noch heute an die Geschichte denken muss, wenn ich eines von diesen Schwammtüchern in die Hand nehme? Und das kommt nicht eben selten vor. Bei der Auswahl meiner Schwammtücher habe ich lange Zeit darauf geachtet, dass sie nicht blau waren, und das ist schon etwas seltsam. Irgendwann brachte aber mein Sohn vom Einkaufen ein Paket neuer Tücher, die ausgerechnet die Farbe meines Häkelgarns hatten, und da beschloss ich, der Sache endlich ein Ende zu bereiten: Ich nahm eine Schere, schnippte links ein Dreieck ab und rechts eines und hatte endlich wieder ein Trapez und meine Ruhe. Seither, aber eben erst *seither*, geht mir diese Spüllappengeschichte ziemlich am Arm vorbei ... Und doch: Wenn ich darüber nachdenke, dass ausgerechnet ein Putzlumpen über all die Menschen, die ich danach kennen lernen und über all meine weiteren Lebenswege entscheiden sollte, dann komme ich schon ins Sinnieren ...

So geht es vielen Menschen, habe ich festgestellt. Irgendwann gehen die besten Vor- und Ansätze verloren, weil es irgendjemanden gibt, der uns das bisschen mühsam zusammengekratzte Selbstbewusstsein nimmt. Und meistens ist der Ort, an dem das passiert, die Schule, machen wir uns da nichts vor. In den Schulen herrschen DIN- und andere Normen und da scheint für echte Kreativität kein Raum zu sein. Aufsätzen muss eine glasklare Gliederung zugrunde liegen, und wehe, man weicht inhaltlich oder stilistisch davon ab. Denn das könnte das ausgeklügelte Punktebewertungssystem des kompletten Lehrkörpers gefährden, und das darf natürlich nicht sein. Lieber lässt man die Phantasie der ihnen Anvertrauten den Bach runtergehen.

So ist es wohl. Ich wette, dass Sie, wenn Sie genau darüber nachdenken, ähnliche Geschichten erzählen könnten ... Ja, tun Sie's. Schreiben Sie einfach, schreiben Sie über Ihre Schulzeit und schauen Sie, was passiert. Es ist nicht auszuschließen, dass dadurch klar wird, wann und wie

Ihre eigene schöpferische Seite verschütt gegangen ist. Und wenn Sie das einmal rausgekriegt haben, ist es ein Leichtes, ihr wieder Raum zu verschaffen.

Apropos Raum: Sie brauchen Platz. Sie brauchen ein mindestens besenkammergroßes Gelass, das nur Ihnen gehört. Und wo nicht die Gefahr besteht, dass sich jemand neben Sie hinfläzt und Metallica anhört, denn selbst wenn sich derjenige das Zeug über einen Walkman reinzieht, scheppern einem so die Ohren, dass man seinen eigenen Gedanken kaum noch folgen kann.

Schaffen Sie sich einen Frei-Raum.

Das ist der erste Schritt in die richtige Richtung.

Zweitens: Schreiben Sie. Schreiben Sie Tagebuch, machen Sie sich Notizen – auch wenn Sie sich literarisch für nicht begabt halten. Pfeifen Sie auf die schlechten Noten, die Ihnen Ihre ganz persönlichen Schnallen damals gegeben haben, damals, als Sie noch jung waren und eigentlich alles drin gewesen wäre. Schreiben ist die Mutter allen kreativen Handelns, denn Schreiben ist – neben Skizzieren – das wichtigste Medium der *Heuristik*, wie die Griechen, die selber kreativ bis zum Anschlag waren, die *Technik der Ideenfindung* nannten. Sie wussten nicht nur mehr über den Sinn, den das Ganze hier unten auf Erden hat, sie wussten auch, was offensichtlich danach in Vergessenheit geriet: Ideen kommen nicht einfach so. Man muss sie einladen. Und sanft, wie ein guter Gastgeber, darum bitten, Platz zu nehmen.

Wie ich die positiven Auswirkungen hochgeklappter Bürgersteige auf mein Selbstbewusstsein entdeckte

Am Abend, als ich nach der Entdeckung des Kreuzworträtsel-Zusammenhangs den Meinen begeistert davon erzählte, war die Reaktion äußerst verhalten. Von pubertierenden Knaben um die sechzehn sind ohnehin keine gescheiteren Beiträge zu erwarten als die üblichen Texte, in denen Grufties und Scheintote (alias »Kompostis« oder auch »Wesis«[48]) sozusagen leitmotivisch auftreten, oder soll ich sagen *leidmotivisch?*

Und als ich meine Familie eines Tages nach dem Abendessen auch noch bat, einfach mal auf ein Blatt Papier zu schreiben, was jedem Einzelnen so alles zum Thema Älterwerden einfalle, kamen Assoziationen, die ich an dieser Stelle lieber nicht im Detail wiedergeben will.

Die Palette reichte von *A* wie Abstellgleis, altes Eisen, Arthritis und Arterienverkalkung bis *Z* wie Zentralfriedhof (!), und das, muss ich sagen, war selbst mir, die ich einiges gewöhnt bin, zu viel. Als dann aber auch noch mein Mann Peter hinter seiner Zeitung[49] dankenswer-

---

[48] Wesis sind grammatikalisch gesehen die Steigerung von Kompostis, die verschärfte Form sozusagen.

[49] Er las gerade die FAZ, hinter der ja angeblich immer ein

terweise mit ein paar Stichworten aufwartete, die es in sich hatten, fiel mir erst mal nichts mehr ein. Er kam mir mit *Starrsinn und Stützstrümpfen, Treppenliften und Tränensäcken, mit Hartleibigkeit, Hühneraugen und Herzkasper, Verkalkung und Verstopfung,*[50] kurz, dem kompletten Schreckenspanoptikum all der Alterserscheinungen (inklusive Blasen-, Konzentrations- und Gedächtnisschwäche), mit denen uns eine clevere Jungmacher-Industrie so gern Angst einjagt, während sie uns gleichzeitig die frohe Botschaft verkündet, dass sie – so ein Zufall aber auch! – just das passende Gegenmittel dazu parat hat.

Als Peter dann nach einer Weile ein paar weitere Stichwörter wie »Liebestöter« und »Krampfaderngeschwader« nachklappen ließ, schnappte ich ein wenig ein. Wo hat er das bloß alles her, fragte ich mich. Von mir jedenfalls nicht! Vielleicht habe ich ja die eine oder andere Krampfader oder »diskrete Varizen«, wie mein Hausarzt sie nennt, der ein charmanter Mensch ist, jedenfalls viel charmanter als mein Mann.[51] Krampfadern gehören nun mal zur Serienausstattung von Buchhändlern,

---

kluger Kopf sitzt, aber manchmal habe ich da meine Zweifel.

[50] Mein Mann hat eine Vorliebe für diese blödsinnigen Stabreime.

[51] Hausärzte sind ohnehin, einer uralten Regel zufolge, *immer* charmanter als der eigene Gatte.

die ja den ganzen Tag auf den Beinen sind. Aber immerhin bin ich mit knapp fünfzig noch ganz gut beieinander, sagte ich mir trotzig, wiege auch noch fast dasselbe wie einst im Mai (plusminus zehn Kilo) und bin, abgesehen von einem Schnupfen hin und wieder, wenn ich die Nase voll habe, auch nie krank. Und lange Unterhosen mit angeschnittenem Bein trage ich auch nicht, obwohl ich schon manchmal Lust dazu hätte.

Was sollte also dieses Gerede von den verdammten Liebestötern? Ich schaute Peter streng an, das heißt, so streng wie ich eben kann, und schnarrte ihm jenen Satz hin, den meine Großmutter meinem Großvater immer zuzuzischen pflegte, wenn er wieder irgendetwas auspackte, was für Kinderohren nicht recht geeignet war: *Pas devant les enfants!* [52]

Peter leugnete unverzüglich jeden Bezug seiner Anspielungen auf meine Person, woraufhin sich einer von diesen ganz typischen Dialogen entspann, wie sie zwischen nicht mehr ganz so jung Verheirateten üblich sind (ich erspare Ihnen auch hier die Details), mit dem Ergebnis, dass ich mich geknickt in meine Besenkammer [53] zurück-

---

[52] Zu Deutsch: Nicht vor den Kindern! Wenn wir diesen Text hörten, wussten wir gleich: Jetzt heißt es die Ohren spitzen!

[53] Meine Besenkammer, sei hierzu angemerkt, ist ein winziges, nicht einmal dreieinhalb Quadratmeter großes Gelass

zog. Ich fühlte mich müde und abgeschlagen (jawohl: »müde und abgeschlagen«, wie es in diesen Apothekenheftchen immer heißt) und irgendwie urlaubsreif nach diesem langen Winter, der offensichtlich überhaupt nicht mehr enden wollte – und das, sagte ich mir, ist zweifellos auch der Grund, weswegen ich mit diesem Buch nicht so recht zu Potte kam.

Plötzlich war mir alles zu viel. Zwei Bücher innerhalb von fünf Monaten, drei Kinder, zwei Hunde – und eine variierende Anzahl anderer Haustiere, zwei Buchhandlungen, zwei Buchmessen und zwischendrin Weihnachten, ein Einbruch, ein Wasserschaden, ein Satz Schwie-

---

an der Ostseite unseres höchst historischen Hauses, das ich mir als Arbeitszimmer umgebaut habe, weil es den Vorteil hat, dass es sich mit zwei Heizlüftern und einer Höhensonne aufs Gemütlichste warm kriegen lässt, während der Rest des Eiskastens, den wir bewohnen, dermaßen kalt ist, dass einem das Hirn einfriert – von diversen anderen Teilen der Anatomie mal abgesehen. Hier, in meiner Besenkammer, sitze ich des Morgens um fünf glücklich wie besagter Mops im Paletot – schaue zu, wie die Sonne aufgeht und schreibe. Hier gibt es auch jede Menge Bücher und eine Super-Stereoanlage für neununddreißigfünfundneunzig von Tchibo, so dass ich dort sonntagmorgens ungestört meine Bachkantaten anhören und meinen Gedanken nachhängen kann. Dort kann ich auch so

gereltern, zirka fünfzehn grippale Infekte[54] und ein Paar Liebestöter – das alles ging einfach einen Tacken über das erträgliche Maß hinaus. Die Alltagssorgen griffen mir in letzter Zeit derart ans Nervenkostüm, dass ich schon zusammenzuckte, wenn nur das Telefon klingelte, und das ist – jedenfalls bei mir – stets ein ziemlich sicheres Zeichen dafür, dass man einen Punkt erreicht hat, an dem man einen Kurzurlaub braucht. Was in der Regel allerdings nicht heißt, dass ich dann auch einen kriege. Denn meistens reicht es bei mir nur für ein Vollbad.

Doch an diesem Abend sollte sich alles, alles wenden. Denn an diesem Abend kam ein Anruf von Charlotte, die sich mein Lamento geduldig anhörte – wie eben nur Frauen das können – und mich nach Ballinamore einlud. Ich war aufgeregt wie ein Kind, als es endlich losgehen sollte. Am D-day, dem 29. April, fuhr mich mein

---

tun, als wär ich gar nicht da – und das, muss ich Ihnen sagen, gehört zu den besten Entdeckungen, die mir das Leben jenseits der vierzig bescherte. Dort kann ich das Leben schwänzen – und das tut manchmal ganz einfach Not. Ganz perfekt wäre die Kammer, wenn noch ein Sofa drin Platz hätte, aber leider ist nichts perfekt hienieden.

[54] Nicht allein meine, klar. Meine Familie pflegt sich gern reihum anzustecken.

Mann in aller Herrgottsfrühe zum Bahnhof, und ich saß wie ein Kind auf großer Fahrt mit roten Wangen in meinem Abteil und war schon um neun Uhr morgens in München. Da der Flug erst am späten Nachmittag ging, hatte ich noch reichlich Zeit. So schlenderte ich denn mit leichtem Gepäck vom Bahnhof zum Marienplatz, kaufte mir eine Breze zum Frühstück und ließ mir die herrliche Frühlingssonne ins Gesicht scheinen.

Ich weiß nicht, wie gut Sie München kennen. Doch wenn man erst einmal am Stachus vorbei durch die Fußgängerzone mit all den schicken Läden rechts und links gelaufen ist, hat man spätestens auf der Höhe des Rathauses das Gefühl, dringend etwas zum Aufmöbeln des eigenen Egos zu brauchen, vor allem dann, wenn man wie ich sein karges Leben im Wesentlichen in der allertiefsten Provinz fristet, da, wo Franken vielleicht am (alt-)fränkischsten ist. Mein Irland-Outfit (eine mausgraue Regenjacke für neunneunzig von Aldi und eine Cargohose von undefinierbarer, ins Kompostbraune gehender Farbe) war offensichtlich nicht ganz das, was die feine Welt heutzutage trug – das wurde mir schon nach hundert Metern klar. Ich kenne den Kaufingerstraßen-Effekt und weiß inzwischen, wie der Hase läuft. Irgendwas kaufe ich dann immer, um mein lädiertes Selbstbewusstsein wieder aufzubauen, doch diesmal beschloss ich, stark zu bleiben. Aus den meisten Klamottenläden flieht man ohnehin sofort wieder, weil da eine ganz raffinierte Musik gespielt wird, die vor 1980 Geborene sofort das Weite suchen lässt, und ich habe den dringenden Verdacht, dass das Absicht ist. Man spielt diese Musik mit derselben Absicht, mit der ich petroleumgetränkte Lappen in meinen Rasen stecke, damit sich die Maulwürfe vom Acker machen, denn Petroleum, das weiß jeder Gärtner, stinkt den lieben Tierchen mächtig und sie suchen sich flugs ein anderes Plätzchen. So ist das mit uns wohl auch … Die Youngsters fürchten wohl, dass wir Maulwürfe ihre Party stören könnten, und spielen dann Tokio Hotel, bis uns die Ohren abfallen. Das heißt, so lange wartet man natürlich nicht. Und das ist, schätze ich mal, genau das, worauf die Kiddoes zählen. Aber vielleicht tue ich ihnen ja auch unrecht.

Bei Leysieffers erstand ich ein paar Sahnetrüffel, von denen ich wusste, dass Charlotte und Sophie sie lieben, ließ sie schön einpacken und in ein teures Tütchen versenken – und danach ging's mir gleich eine Spur besser. Für mich ist es immer wieder erstaunlich, was so eine schicke Tüte mit einer güldenen Schrift zu bewirken vermag. Man geht gleich eine Spur gerader, setzt eine Miene auf, als fände man an jedem Monatsende fünfzehntausend Euro auf seinem Konto vor, und trage diese Regenklamotten nur, weil man beabsichtigt, gleich wieder in seinen Pferdestall abzutauchen.

Die ideale Besohlung für München, dachte ich mir, sind doch wohl immer noch ein Paar wirklich schöne Reitstiefel. Dazu braucht man dann eigentlich nur noch ein Polohemd und sieht gleich aus wie Gräfin Koks. Das ist eigentlich die billigste Art, Leute zu beeindrucken. Obwohl: So ein Polohemd kostet auch gut und gern seine fünfundsiebzig Euro.

München ist die Stadt der Schickeria. Die Mitglieder dieser sehr geschlossenen Gesellschaft sind schon auf hundert Meter Entfernung an ihren Tiroler Loden- oder Leinenjankern zu erkennen sowie an ihren mit gigantischen Rasierpinseln geschmückten Hüten, die sie als Großwildjäger ausweisen und die ihnen immer etwas Ludwig-Ganghoferhaftes geben. Wenn sich einer von diesen nach Gutsherrenart gekleideten Gustln nach Rothenburg verläuft oder sich gar in meine Buchhandlung verirrt, habe ich plötzlich ganz weit hinten im Laden etwas zu löten, denn ich weiß – diese Leute kaufen sowieso nichts. Nicht weil sie es nicht hätten, nein, sie machen sich einen Spaß daraus, möglichst billig an die Dinge zu kommen. Sie handeln einen aus purer Langeweile in Grund und Boden, haben hier was auszusetzen und da und bemeckern, dass das Buch ja nicht mehr eingeschweißt ist. Da kriege ich immer so einen Hals. Sie reißen die Teile auf und dann wollen sie sie billiger, weil sie sie angeblich zu verschenken beabsichtigen …

Geiz ist geil, dieser verdammte Slogan, der gerade unsere Wirtschaft niedermacht, hat vor allem in dieser Gesellschaftsschicht, wie mir scheint, die schönsten Früchte getragen. Gute Kunden handeln nie. Gute Kunden spendieren sogar oft noch was für die Kaffeekasse oder andere gute Zwecke, gute Kunden suchen nie nach einem Buch, das billig ist, aber mordsmäßig was hermacht, gute Kunden labern einen nie voll, was für tolle Bücher doch diese Gabi Hausmann oder wie die Tante heißt, schreibt. Diese mordsmäßig witzigen, frechen Frauenromane … Die guten Kunden wissen, warum ich »die neue Hausmann« nicht da habe, und für diese echten Leser reiße ich mir auch ein Bein aus. Sie bekommen die Geheimtipps, von denen jeder gute Buchhändler, wenn man ihn nur darum angeht, jede Menge auf Lager hat. Aber Schickeria? Es ist schon vorgekommen, dass ich einen von diesen Luis-Trenker-Verschnitten, der unbedingt die Hälfte des Buchpreises einsparen wollte, mit den Worten abgefertigt habe: »Wissen Sie, am meisten sparen Sie, wenn Sie das Buch gar nicht kaufen.« Was ihn, wie ich nicht ohne eine gewisse Genugtuung zugeben muss, nicht wenig verdutzte. Denn damit rechnen sie nicht. Sie ziehen dann eine Schnute wie Fünfjährige, denen die Mama das dritte Eis verweigert.

Ich weiß heute nicht mehr, um welches Buch es damals ging, irgendein Coffeetable-Schinken, glaube ich, ein Buch also, das der Besitzer der Schwarte von der Lektüre derselben entbindet. Coffeetable-Books werden nur gekauft, weil sie sich eben auf dem Wohnzimmertisch gut machen und jeden Besucher beeindrucken. »Venezianische Villen« waren es, glaube ich, oder eben eines der Bücher, für deren Verständnis diesen Leinenjanker tragenden Menschen ohnehin alles Verständnis abgeht. Von Palladio haben sie noch nie was gehört und ich erspare mir da auch eingehende Erklärungen. Früher, als ich noch jung war, habe ich mich da hineingesteigert, aber einer der Vorteile, die das Älterwerden mit sich bringt, ist: Man weiß, auf welche Zeitgenossen man gut verzichten kann, und bekommt ein Gespür für die Leute, die etwas zu sagen haben und die Schinkel nicht für einen Brotaufstrich halten ...

So zog ich mit meiner Leysieffer-Tüte Richtung Viktualienmarkt, den ich liebe. Dort passt die Schickeria auch irgendwie hin und solange sie dort shoppen und sich wenigstens bei Hugendubel im Erdgeschoss in der Ramschabteilung herumtreiben, ist ja auch alles in Ordnung. Ich trank in einem ziemlich angesagten Café einen Cappuccino, der meinen Reiseetat um etwa die Hälfte schmälerte, aber das war mir irgendwie egal. Ich bestellte mir noch einen Apfelstrudel dazu – man gönnt sich ja sonst nichts – und beobachtete die feine Welt. Mein Leysieffer-Täschchen hatte ich gut sichtbar neben mir auf dem Stuhl drapiert und ich verglich meine Tüte insgeheim ein wenig mit den anderen, die sich in meinem Blickfeld befanden. Hugendubel-Tüten waren eher selten, klar. Dafür gab es jede Menge anderer sehr schicker, sehr teurer Taschen von Kreutzkamm zum Beispiel – aber hier, fand ich, ist

Vorsicht geboten. Wenn diese Taschen nicht ganz neu sind, sondern kleine, für das ungeschulte Auge kaum erkennbare Verschleißspuren aufweisen, befindet sich in der Tasche garantiert keine Bluse von Lodenfrey für zweihundertzwanzig Euro, sondern ein Paar Weißwürstchen für ein Euro zehn vom Metzger. Denn merke: Mitglieder der Möchtegern-Schickeria, leicht erkennbar an abgetretenen Absätzen, sammeln Tüten wie andere Leute Briefmarken und gehen grundsätzlich damit zum Früh-Shoppen. Das macht sich immer gut.

Ich muss Ihnen sagen, nach zwei, drei Stunden München ist üblicherweise mein Bedarf an Großstadtluft gedeckt. Danach bin ich in der Regel immer dankbar, wenn ich wieder in mein Provinznest abtauchen darf, wo des Abends um sechs die sprichwörtlichen Bürgersteige hochgeklappt werden. Dann hat man wenigstens Zeit zum Lesen, Zeit für Beschaulichkeit. Und diese Ruhe beginne ich doch mehr und mehr zu schätzen. Allein das Taubertal ist ein Traum und wenn ich nach einer Stunde oder auch zwei mit den Hunden im Schlepptau wieder nach Hause komme und Tee trinke und mir überlege, dass ich für dieses Hochvergnügen keinen Euro ausgegeben habe, dann bin ich mit mir und der Welt auch ziemlich im Reinen. Wenn ich in München war, weiß ich immer, worauf ich gut verzichten kann, und bin heilfroh, dass ich bei dieser Hasenjagd nicht mitmachen muss.

Ich zahlte schließlich meine Rechnung. Ein Cappuccino

und ein Apfelstrudel mit einem Klacks Sahne: achtfünfzig plus Trinkgeld. Fast zwanzig Mark. Ich rechne immer noch um. Merkt man daran, dass man alt wird? Dass man sich der schönen alten D-Mark-Zeiten erinnert? Hin und wieder gönne ich mir ein bisschen Nostalgie, denn sie tut der Seele gut und zuweilen schenke ich auch meinen Kunden einen blank polierten Glückspfennig – ich habe sie jahrelang in einem großen Bonbonglas gesammelt, und wissen Sie was? Wenn ich den Kunden in meiner Buchhandlung einen dieser Pfennige zusammen mit dem einen oder anderen Zitat über das Glück verehre, dann entspinnen sich oft die unglaublichsten Gespräche über den Tresen hinweg, Gespräche, in denen von Büchern und Kindern die Rede ist, von Idealen und Engeln und anderem ...

Doch ich werde sentimental. Wo war ich stehen geblieben? Beim Bezahlen. Langsam schlenderte ich wieder zurück, vorbei am Hertie. Wer München kennt, weiß, dass dieser gigantische Hertie gleich gegenüber vom Hauptbahnhof liegt, und da ich noch ein wenig Zeit hatte, dachte ich mir, könne ich mich auch genauso gut dort ein wenig umschauen. Denn vielleicht würde mir ja irgend-eine Erkenntnis für mein Buch zuwachsen, über dessen Konzept ich mir vor meiner Reise nach Irland immer noch im Unklaren war.

So betrat ich denn die riesige Parfümabteilung, die in etwa die Fläche von zwei Fußballfeldern einnimmt, und merkte noch im selben Augenblick, dass ich das besser hätte bleiben lassen. Parfümerien jedweder Beschreibung sind nämlich nicht wirklich gut für Frauen, die ohnehin schon an mangelndem Selbstbewusstsein leiden und außerdem noch Mariechen heißen.

Denn dort tummeln sich Verkäuferinnen mit Vornamen wie Vanessa, Gloria oder Pamela, worauf die Schildchen an ihren unglaublich schicken Outfits hinweisen. Diese Damen, die offensichtlich nur knapp die Wahl zur Miss Germany 1969 verfehlt haben, bezeichnet mein Peter als Nebelkrähen, was nicht nett ist, denn immerhin tun sie ja nur ihren Job. Und der ist nicht eben leicht. Dazu gehört nun mal, dass sie des Morgens mindestens eine Stunde brauchen, bis die Maske sitzt, und des Abends, fürchte ich, brauchen sie noch mal so lange, bis die Schmiere wieder ab ist. Das macht zwei Stunden, die einem keiner bezahlt, plus noch einmal dieselbe Zeit für den Weg zur Arbeit – kein beneidenswerter Job. Wenn ich einer von ihnen begegne, bin ich immer dankbar, dass ich etwas Handfestes gelernt habe, etwas, das man mit achtzig noch tun kann und das einem eigentlich immer Freude zu bereiten imstande ist. Während man in Parfümerien ab vierzig offensichtlich nur noch den Niedergang verwaltet.

Charlotte, die selbst eine Schönheit ist und womöglich immer noch schöner wird, hat einmal beobachtet, dass gut aussehende Frauen, die auf ihre äußere Erscheinung konzentriert sind, es schwer haben, wenn sie alt werden. Charlotte gehört aber auch zu den Frauen, die äußere Schönheit als Gnade und nicht als persönliches Verdienst betrachten – und das erklärt wohl, warum sie so über die Dinge denkt.

Peter kriege ich in keine Parfümerie. Ich kaufe mir schon mal gern einen feinen Duft, aber Peter geht, wenn überhaupt, nur in unserem Provinznest in die örtliche Parfümerie, in der es noch ein wenig wie früher zugeht und wo eine mütterliche Dame ihre Kunden aufs Netteste berät.

Aber in diesen goldglänzenden Glitterläden, hat er mir unlängst erklärt, machen ihn all die Damen mit ihren unglaublich langen Fingernägeln ganz nervös. »Sie halten das wahrscheinlich für gepflegt und sind auch ganz stolz darauf. Und früher, ganz früher mag es wohl auch ein Zeichen von Wohlstand gewesen sein, lange Fingernägel zu haben. Aber Männer, glaub mir, werden von diesen Krallen eher abgeschreckt. Musst du mal beobachten: Männer findest du in diesen Abteilungen nicht, jedenfalls keine richtigen Männer, und wenn sich mal einer dahin verirrt, durchquert er die Gebäulichkeiten garantiert nur beschleunigten Schrittes.«

Das ist so Peters Art, die Dinge auszudrücken. So, muss ich sagen, habe ich das noch nie gesehen. Manchmal habe ich die Frauen um diese Nägel beneidet, vor allem dann, wenn ich meine betrachte. Aus denen wird nämlich nie etwas, weil ich selbst im Garten nur selten Handschuhe zu tragen pflege.

Peter geht schon allein deswegen nicht in diese Duftpaläste, weil man bis vor ein paar Jahren dort sehr aufpassen musste, dass einen nicht plötzlich jemand von hinten einnebelte. Aber das ist besser geworden, seit in San Francisco mal einer deswegen auf Schadenersatz geklagt und viereinhalb Millionen Dollar Schmerzensgeld kassiert hat für sein angeblich irreversibel geschädigtes Riechzentrum. Der Mann war Winzer und konnte danach, wie es hieß, seinem Beruf nicht mehr nachgehen. (Ich weiß aber von dem amerikanischem Ex-Mann einer meiner Freundinnen, dem Pappteller-Fabrikanten, dass der Winzer der beste Kumpel eines Kollegen von ihm war. Und dieser Herr Collega verdiente sich nach dem Prozess eine goldene Nase mit diesen ganz speziellen Teststreifen, die er bereits in der Schublade liegen hatte, bevor die Nebelaktion lief.)

Mit den Kaffeetassen-Deckelherstellern lief das wohl ähnlich. Denn seit diesem Sensationsprozess mit der Tante, die sich den heißen Kaffee über den Schoß schüttete und ein aberwitziges Geld als Entschädigung für dieses entsetzliche Trauma erhielt (Sie erinnern sich sicher an die Geschichte), müssen alle verdammten Kaffeedeckel auf diesem Globus die Aufschrift »Contents may be hot« tragen. Doch zurück zu den Nebelkrähen. Charakteristisch für diese eigentlich bemitleidenswerten

Damen scheint zu sein, dass sie ihre Kundschaft erst mal von oben bis unten mustern und wahrscheinlich aus gewissen Parametern auf den Inhalt von deren Börse schließen. Nun hatte ich ja leider dieses blöde Leysieffer-Täschchen dabei, und das sollte sich als fatal erweisen. So wurde ich denn von so gut wie jeder dieser verhinderten Schönheitsköniginnen angesprochen. »Für Ihren Teint sollten Sie dringend etwas tun«, schlug mir eine von ihnen vor, der ich nicht schnell genug hatte entwischen können. »Wir haben da ein ganz und gar neues Produkt ...« Sie erklärte mir, dass ich als »Grundierung« jeden Morgen nur diese neue, sensationelle Entwicklung aus dem Hause Laura Bugatti aufzutragen brauche, die nachgewiesenermaßen das Elastinfaser-Depot der Haut aufbaue und ausgeprägte Falten mildere. »Ausgeprägte Falten?«, fragte ich leicht irritiert. »Ich habe noch nie im Leben irgendwelche Grundierungen auf meinen Teint aufgetragen«, antwortete ich etwas verunsichert, was ein leicht süffisantes Lächeln bei meiner Gesprächspartnerin auslöste. »Sehen Sie!«, entgegnete sie und ich erwartete fast, dass sie noch ein »Das haben Sie nun davon!« hinzusetzte, was sie sich wohl gerade noch verkneifen konnte. Ich sah mich in einem der allgegenwärtigen Spiegel an und fragte mich, ob ich nicht vielleicht doch ... »Bei dem Produkt handelt es sich um die erste Pflege mit dem neuartigen Wirkstoff-Komplex Fibrocyclonid, der die innere Spannkraft der Haut stärkt und sozusagen ein *spontanes Lifting* innerhalb von maximal vierundzwanzig Stunden bewirkt.« Ich war beeindruckt. »Was kostet denn so ein Pott?«, fragte ich und mein Gegenüber verzog schmerzhaft das sorgfältig zugepinselte Gesicht. Sie hatte so ein seltsames Zucken um die Augen, so dass ich schon fürchtete, einer ihrer Wimpernstreifen könnte abgehen. »Eine Anstaltspackung kostet« – sie kam ins Schleudern – »eine Anstaltspackung, nun ja, liegt bei etwas über hundert Euro. Einhundertdreiundvierzig Euro ... neunzig.« »Einhundertdreiundvierzig Euro?«, schnappte ich. »Für eine *Anstaltspackung?* Sie meinen also, ich brauche eine *Anstaltspackung?*«

Ich bin Linguistin, müssen Sie wissen, und es gibt Wörter, auf die ich allergisch reagiere. Dazu gehörten unter anderem die Rentnerschwemme, der Lebensabschnittspartner, der Sozialabbau – und eben die *Anstaltspackung.*

Mein Gegenüber hatte schon gemerkt, dass ihm in diesem Augenblick der Fisch von der Angel ging. Sie sah mich noch einmal von oben bis unten an und ich merkte, dass ihr Blick an meinen Reformhausschuhen hängen blieb – eines von den Modellen, in denen nur Grüne rumlaufen. »Ich hätte da auch noch eine andere Pflegeserie von Dr. Schwarte, ein deutsches Produkt, für das so gut wie ... also doch ... jedenfalls fast ... nur naturreine Zutaten verwendet werden.«

Ich erinnere mich noch, dass ich mir bei Dr. Schwarte überlegte, ob der Name wohl wirklich seinem Geschäftszweck förderlich ist. Jedenfalls riss mich die Schwarte aus meiner Betäubung, ich verabschiedete mich höflich, dankte für das Gespräch, schenkte der armen Nebelkrähe eine meiner Sahnetrüffelschachteln (in Herzform) aus meinem Leysieffer-Täschchen, die sie verblüfft und gerührt entgegennahm. »Die wollen Sie mir schenken?«, fragte sie ein wenig ungläubig. »Ja, die will ich Ihnen schenken«, antwortete ich. Als ich ging, sah ich in einem der Spiegel, dass sie sich die Nase schnäuzte und sich vom linken Auge den Wimpernstreifen abzog.

Ich sah mir meinen Teint noch mal genauer an. Anstaltspackung. Na ja, vielleicht sollte ich es doch mal mit Gesichtsgymnastik probieren.

IV.
Wie ich auf diese Sache mit dem Morning Mist kam – der Geheimnisse vierte Lieferung

Das Flugzeug nach Dublin hatte Verspätung. Offensichtlich hing der Vogel noch in einer Warteschleife fest, an der dichter deutscher Bodennebel schuld war. Als die entsprechende Durchsage ertönte, blitzten zirka fünfzig Klapphandys gleichzeitig auf und eine entsprechende Anzahl ziemlich businessmäßig aussehender Youngsters mit dezenten Krawatten führte eifrig und für alle anderen laut und vernehmlich intensive Verhandlungen mit den Metropolen dieser Welt. Nach einer Dreiviertelstunde müßigen Wartens hieß es schließlich, dass die Maschine gelandet sei und man in etwa *vierzig* Minuten mit dem Einsteigen beginnen könne. Noch mal vierzig Minuten! Die Herren im dezenten Flanell stöhnten unisono auf und das Handymanöver begann erneut, diesmal etwas hektischer, wie mir schien.

Danach riefen sie dann noch ihre Gattinnen resp. Freundinnen an und beklagten mit Sätzen, in denen jede Menge »Flieger« und »Meetings« und auch eine Reihe von bedenklich gossensprachlichen Ausdrücken vorkamen, ihr grausames Schicksal. Ein wenig beneidete ich sie schon um ihre Weltläufigkeit, diese Burschen, die mit genialer Virtuosität ihre »Mobiles« bedienten, einhändig natürlich und in einem *Affenzahn*, so dass mir schon beim Zuschauen schwindlig wurde.

Ich habe bis vor kurzem nur so eine Knolle von Mobiltelefon besessen, ein fast schon museumsreifes Uraltmodell, das aus einer Zeit zu stammen schien, da diese Teile noch mit Dampf betrieben wurden. Es hatte in etwa das Gewicht und die Größe eines Handstaubsaugers und die Kinder belächelten es stets voll schlecht verhohlenen Mitleids. Ich habe es kürzlich abgemeldet, da meine Sprösslinge mir ohnehin nicht erlaubten, es zu benützen, wenn ich mit ihnen unterwegs war,[55] denn sie fanden dieses Walkietalkie »oberpeinlich« und stellten mir freiwillig (und sogar unentgeltlich!) ihre eigenen brandneu-

---

[55] das heißt eigentlich, »wenn« sie mich zum Einkaufen überhaupt mitnehmen, was gar nicht so selbstverständlich ist. Man muss sich nämlich für diese Touren erst einmal durch ein passendes Outfit *qualifizieren*, sonst kriegt man ein »Wie siehst du denn aus« zu hören – und diesen Satz schreibe ich bewusst ohne Fragezeichen, denn das ist wirklich keine Frage, sondern ein deutlich hörbarer Vorwurf. Nur »anständig« angezogen darf ich mit und den Gören ihre sündhaft teuren bolletigen Buxen zahlen. Sonst ziehen sie lieber alleine los, ohne diese »peinlichen« Teile (gemeint sind Elternteile) im Schlepptau. Man macht schon was mit! Wenn ich daran denke, wie es früher war, da unsere Altvorderen uns Schuhe kauften … Auf

en *Nokias* oder *Samsungs* zur Verfügung, an denen sie den ganzen Tag hängen wie die Alkies an ihrer Pulle. Und wenn man länger drüber nachdenkt, sind die Parallelen auch nicht ganz von der Hand zu weisen. Ich erinnere mich noch genau, dass ich mir, als vor ein paar Jahren diese neue Abkürzung SMS aufkam, darunter erst einmal etwas vorgestellt habe, was in Richtung sexueller Verwirrung ging, zumal das gleich dazu gelieferte Tätigkeitswort »simsen« (wie in »Heute schon gesimst?«) ja bei uns Älteren andere Assoziationen auszulösen imstande ist. Aber was soll man machen? Jetzt kann kaum noch einer ohne so ein Teil – wir auch nicht, seit die Telekom auf die geniale Idee gekommen ist, überall in diesem schönen

---

den heute üblichen Expeditionen wird stundenlang probiert und probiert und probiert, bis einem schwarz vor Augen wird. Früher war das eine Sache von zehn Minuten, danach hieß es »passt« (mit drei aaa) und gut war's. Über die neuen Schuhe freuten wir uns wie verrückt, guckten auch immer hin, dann kriegten wir eine rote Grütze im Café Blomeier und waren rundum glücklich. Wir trugen auch keine von Kinderhand genähten Markenturnschuhe, wir brauchten keine Unterhosen von Kevin Kline oder wie dieser Typ heißt, der die Teile in Kroatien nähen und die Näherinnen das Garn selber bezahlen lässt, damit sie auch ja sparsam damit umgehen. Wissen unsere Kiddoes, die auf diese Buxen stehen, das überhaupt? Aber

Land die Telefonzellen abzuschrauben. Also bleibt einem gar nichts anderes übrig als mitzumachen! Der Zug, Leute, ist abgefahren.

Und doch – bockig wie ich manchmal bin, habe ich den Mobil-Staubsauger unlängst verschrottet. Seit einem knappen Jahr bin ich also wieder handylos und sehr, sehr froh darum. Denn jetzt habe ich endlich wieder meine Ruhe, kann meine eigenen Gedanken denken und hin und wieder den Alltag schwänzen, weil ich einfach nicht mehr erreichbar bin. Seither hat sich mein Stresslevel auf ein erträglicheres Maß eingependelt. Der Direktor der Schule, auf die mein Christian geht und wo er immer irgendetwas ausfrisst (neulich hat er doch tatsächlich einem nicht sonderlich beliebten Pauker einen pestilen-

---

sie sind eben genauso Opfer mächtiger Marktmechanismen wie der Rest der Welt, in der alles, aber auch wirklich alles zur Ware gemacht wird. Und aus der es für uns von der Wiege bis zur Bahre kein Entrinnen gibt. Oder doch? Manchmal, wenn ich vor den Umkleidekabinen warte, in denen inzwischen Schuhlöffel hängen, damit man in diese paillettenbestickten Hosen auch reinkommt, dann werde ich aufmüpfig und finde, dass die Kampfstrategie des englischen Gentleman C. Boycott (1832 – 1897) doch etwas für sich hatte. Aber so was darf man eigentlich nicht laut sagen. Deswegen steht es auch in der Fußnote, die sowieso wieder keiner liest.

zialisch stinkenden Käse im Hohlraum unter der Sitzfläche von dessen Drehstuhl deponiert, dieser Sauhund. Hätten wir uns früher nie getraut!), hatte meine Nummer nämlich schon auf seinem eigenen Handy eingespeichert, und das, kann ich Ihnen sagen, war wirklich nervig. Soll er doch Christians *Vater* anrufen, der an der Erzeugung dieses Knaben einen ähnlich großen Anteil hatte wie ich. Soll *er* doch die Chose wieder ausbügeln. Ich bin nicht da. Hah! Ich bin auch nicht erreichbar.

Ab fünfzig weiß man nämlich, dass es zwar viele Dinge gibt, die man brauchen *kann*. Aber nur wenige, die man wirklich braucht. Ich gehöre nämlich zu der Kategorie *ganz bewusst hinterwäldlerischer* Zeitgenossen, die von den neuheitengeilen Freaks mitleidig als »Low-Tech«-Typen bezeichnet werden. Aber wir Hinterwäldler haben eben kapiert, wo es langgeht. Wenn wir es jetzt noch schaffen würden, ein bisschen konsequenter zu sein, würden wir den Schrott erst gar nicht kaufen, was nicht so leicht ist, wenn einem die Kinder oder Enkel ständig damit in den Ohren liegen. Und irgendwann will man ja auch seine Ruhe haben. Aber wir warten wenigstens, bis es das »Navi« bei Tchibo oder Aldi für neunundvierzigneunzig gibt – und das ist doch schon mal was! Das ist zwar nur ein kleiner Schritt und den Scheiß-Fortschritt werden wir damit auch nicht aufhalten können, auch können wir auf Handys aus den oben genannten Gründen nicht mehr verzichten und doch: Vielleicht können wir die Dinger ja ab und zu mal abschalten und stattdessen lieber spazieren gehen, fernab von aller Welt und allen Umkleidekabinen.

Zu den besten Erkenntnissen, die man gewinnt, wenn man eben nicht mehr so jung ist, gehört das Wissen darum, dass die besten Dinge im Leben kostenlos zu haben sind. Mit fünfzig fängt man an, Dinge zu genießen, die man einst für ziemlich öde hielt, und hält umgekehrt Dinge für öde, die einst hochspannend waren. Mit fünfzig hat man keine Lust mehr auf Achterbahnen, auch keine emotionalen übrigens, und stellt erstaunt fest, dass Zeit und Ruhe die wirklich kostbarsten Ressourcen in unserem Leben darstellen.

Man entdeckt die Langsamkeit neu, holt die alten Wanderschuhe aus dem Schrank und kommt darauf, dass es kaum ein Vergnügen gibt, das von einem morgendlichen Vogelkonzert oder einem Picknick am Waldrand getoppt werden kann.

Und das ist vermutlich auch der Grund, weswegen wir, die wir das Schwein haben, nicht mehr ganz so jung zu sein, in Fachkreisen wohl nicht ganz zu Unrecht als Konsummuffel verschrien sind. Die Tatsache, dass wir solvent, aber nicht willens sind, macht die Youngsters ganz nervös und sie tun alles dafür, um diesen Zustand zu ändern und ein wenig von dem Geldstrom in ihre eigenen Taschen umzulenken. Aber an Leuten, die etwas von der Kunst verstehen, mit Anmut und Würde in die Jahre zu kommen, beißen sie sich inzwischen die Zähne aus, schon allein deswegen, weil wir wissen, wie der Hase läuft.

Und wahrscheinlich ist das der Grund dafür, weswegen dieselben Youngsters, auf deren Mist diese Seniorenzeitschriften wachsen, außer den oben genannten Hinweisen auf Kaffeefahrten, Kreuzworträtsel und Seniorenkegeln tunlichst nichts über die Dinge verlauten lassen, die wirklich wichtig sind. Und um die wir, die wir am Sein interessiert sind und nicht am Haben, auch wissen.

So erklärt sich wohl der eigenartige weiße Fleck in der einschlägigen Ratgeberliteratur, der sich just dort ausbreitet, wo eigentlich das Stichwort Kreativität stehen müsste. Denn Kreativität macht glücklich – und sie lässt uns auch, wie wir hier Lindau [56] gerade nachzuweisen versuchen, länger leben. Denn wenn sich herumspricht,

---

[56] Im »Lindauer Zentrum für Kreativitätsforschung« ist eine Gruppe von Wissenschaftlern dabei, den Nachweis zu erbringen, dass kreatives, sozial orientiertes Handeln *auch physiologisch* messbare Ergebnisse erbringt, und das ist ein völliges Novum. Das heißt: Kreative brauchen keine Pillen, weil sie auf natürliche Weise die so genannten NK-(= Natürlichen Killer) Zellen entwickeln, die u. a. auch Tumorzellen bekämpfen. Schon wer sich die Mühe macht, den Seinen jährlich einen Kalender zu basteln, oder auch nur Marmelade einmacht, tut seinem Immunsystem etwas Gutes. Außerdem erhöht

dass echte Kreativität ihre verdammten Pillen und Pülverchen überflüssig macht, dann sind sie wirklich geleimt.

Ziele, auch künstlerische, sind das, was uns jung hält. Und wer über Evolution nachdenkt und weiß, dass Mutter Natur uns beschützt, solange wir uns *nützlich* machen, findet das völlig logisch. Es muss so sein. Sie hat uns nämlich als soziale Wesen entworfen. Deswegen werden Künstler auch nie wirklich alt, während die Fernsehsesselmenschen und professionellen Relaxer sehen können, wo sie bleiben. Künstlern können Kaffeefahrten und Kreuzworträtsel gestohlen bleiben. Weil sie sich immer Ziele setzen, auch solche, deren Realisierung zunächst unmöglich erscheint. Dafür werden sie mit einem Blutbild belohnt, von dem diese Nussknackertypen, die was von Fitness und Selenpillen daherfaseln, nur träumen können …

Kreativität die Konzentration des Wohlfühlhormons DHEA (= Dehydroepiandrosteron), der »Mutter« aller Hormone, von dem man inzwischen weiß, dass es die Produktion sämtlicher Immunbotenstoffe steuert und damit den Prozess des Alterns entscheidend beeinflusst. Kreativität ist also angesagt, und hier besonders sinnvolles, sozial orientiertes Arbeiten, in geringerem Maße aber auch Sport, transzendentale Meditation und Sex (ja!). Wer mehr darüber wissen will oder mitma-

Eine Lautsprecherstimme teilte endlich mit, dass die Maschine nun zum Einsteigen bereit sei und die glücklichen Besitzer der teuren Plätze sich schon mal in die Startlöcher begeben dürften, was diese auch unverzüglich – Terriern nicht unähnlich, die man im Wald von der Leine lässt – taten. Leute wie unsereins, fränkische Provinzbuchhändler und andere arme Teufel, die sich bloß die Sardinenklasse[57] leisten können, hätten gefälligst noch zu warten, sagte die Lautsprecherstimme – na ja, anders formuliert vielleicht, aber sinngemäß kam es auf dasselbe hinaus. Jedenfalls nahm ich die Ansage zum Anlass, noch ein wenig um den Zeitungskiosk herumzuschlendern. Ich blätterte mich also durch ein paar Frauenzeitschriften, die offensichtlich wieder mal verabredet hatten, alle gleichzeitig mit einer »Sechs-Tage-Bikini-Diät« aufzuwarten sowie neuen Erkenntnissen in Sachen Hautalterung, gegen die es jetzt (heurio!) eine

---

chen möchte, komme nach Lindau, Maximilianstraße 3, wo in den Lindauer Schreibseminaren, die dem Zentrum angegliedert sind, mehr über dieses höchst spannende Kapitel der Alters- und Kreativitätsforschung zu erfahren ist.

[57] … und die sich wahrscheinlich dereinst bis zur Vollendung des neunundachtzigsten Lebensjahrs abrackern können, weil sie sonst auf keinen grünen Zweig kommen. Manchmal, in mondhellen Nächten, wenn ich aufwache und mir über mei-

ganz neue »Formel« gebe: Morning Mist oder so hieß das Zeug, glaube ich, aber ich kann mich auch irren. Irgendetwas mit »Mist« war es jedenfalls, daran erinnere ich mich noch genau, denn ich überlegte kurz, ob es nicht doch besser gewesen wäre, wenn jemand dem für den deutschsprachigen Raum zuständigen Marketingchef gesteckt hätte, dass Mist im Deutschen nicht ganz genau dieselben Assoziationen auslöst wie im Englischen, was auch der Grund dafür sein dürfte, dass ein eigentlich ganz netter Likör namens Irish Mist (=»Irischer Nebel«) sich bei uns nie wirklich durchsetzen konnte. Dieser Mist ist zuckersüß und eine Flasche davon, die einst durch Zufall in unseren Besitz gelangte, führt seit ein paar Jahren in unserem Wohnzimmerschrank ein wenig beachtetes Dasein, doch hin und wieder, wenn die Sorge um die Kinder

---

nen Kontostand Sorgen mache, gehen mir solche Gedanken durch den Kopf. Aber dann, gegen fünf, wenn es Tag wird und ich aufstehe, tröste ich mich mit dem Gedanken, dass das vielleicht ganz gut so ist. »Keeps you on your toes«, wie Charlotte meint. Und außerdem müssen wir uns, wenn man sich die Rentensituation so anguckt, wohl ohnehin von dem Gedanken verabschieden, dass wir uns bis zur Löffelabgabe einfach nur ausruhen dürfen. Stattdessen sollten wir über ganz andere – eben kreativere – Weisen des Alterns nachdenken. Und, wissen Sie was – ich glaube sogar, dass uns das gut tun wird.

und/oder ums tägliche Brot an meinen Nerven zehrt, denke ich an den schönen Rat von Wilhelm Busch – Wer Sorgen hat, hat auch Likör – und genehmige mir ein Gläschen davon. Mehr kann man davon ohnehin nicht trinken, sonst läuft man Gefahr, am nächsten Tag mit dem Kopf nicht mehr durch die Tür zu kommen. Doch zurück zu diesem angeblich in der weltberühmten Mayo-Klinik entwickelten Wundermittel.
Eine Anti-Faltencreme, auf der »Mist« steht, dachte ich mir, würde ich mir nun nicht gerade ins Gesicht schmieren. Mit nicht geringem Erstaunen las ich, dass diese genialen Youngsters für »die reifere Haut ab vierzig« außerdem noch ein Produkt in Ampullenform enworfen hatten – klar, Ampullen sind immer gut, denn sie wirken noch einen Tacken wissenschaftlicher und irgendwie seriöser. Und man kann gleich noch mal zwanzig Euro draufschlagen. »Morning Mist R (R wie Reif)« hieß das Mittel und seufzend klappte ich das Heft zu. Wenn die Haut ab vierzig schon als reif bezeichnet wird, welches schmückende Beiwort findet man dann für den Teint ab fünfzig? Überreif?
Ich blätterte noch das eine oder andere dieser Magazine durch und fand, dass sie alle mehr oder weniger dasselbe brachten: leicht abgedrehte Modeaufnahmen nämlich von blässlichen und irgendwie tuberkulös wirkenden Girls – oder *Girlies*, besser gesagt, denn diese hier waren alle nicht älter als dreizehn oder vierzehn. Jede

Frau meiner Generation würde so einem Kind erst einmal ein paar Eier in die Pfanne schlagen und schleunigst Milch, Kaba, Cornflakes und eine Prinzenrolle auf den Tisch stellen, bevor sie sich daranmacht, flugs eine Portion Spaghetti Bolognese herbeizuzaubern. Und wenn das noch nicht reicht, würde sie eine Familienpackung Fischstäbchen rausholen, denn Fischstäbchen wirken bekanntlich immer. Ebenso wie Chips.

Mein Gott, die armen Kinder! Noch nicht einmal vierzehn und schon vom Leben gezeichnet! Und dann diese Fähnchen, die sie anhaben! Kleider, die aussehen wie diese unsäglichen *Nylonunterröcke*, die meine Mutter Anfang der sechziger Jahre trug, aber eben *unter* und nicht *anstatt* des Kleides. In diesen Klamotten holt man sich ja schon beim Hingucken den Tod und so sehen die Mädels auch aus: unterkühlt und leichenblass, so als müsse man stündlich mit ihrem Ableben rechnen. Wozu natürlich diese eher an ausgelutschte Halsbonbons erinnernden Farben, die diese Fähnchen haben, noch ein gerüttelt Maß beitragen – Mentholblau, Pfefferminzgrün, Eukalyptusgelb und was es sonst noch so auf der Rachenputzerpalette gibt.

Apropos Farben – zu meinem Entsetzen entdeckte ich in einem dieser Hefte auch diese unsägliche *Fleischfarbe* wieder, die ich eigentlich für ausgestorben hielt. In besagter Nylonunterrock- oder »Charmeuse«-Zeit (an die sich wohl nur noch die um 1950 Geborenen erinnern dürften) gab es Hüfthalter, Liebestöter und knielange Wollunterröcke in diesem Ton, der mich stets an die Farbe gekochter Krabben erinnerte, und ich war froh, als ich das endlich nicht mehr sehen musste. Jetzt aber feiern krabbenfarbene Charmeusen fröhliche Urständ, jetzt sind sie wieder da, hässlich wie eh und je. Es ist zum Auswachsen.

Im Salat sind mir die Krabben ja lieb – aber als BH? Weiche, Satanas!

Der Fotograf, der die Aufnahmen gemacht hatte, musste wohl an etwas Ähnliches gedacht haben, denn sonst wäre er vermutlich kaum auf die Idee gekommen, die Mädels in den unwirtlichen Räumen einer offensichtlich aufgelassenen Fischfabrik abzulichten (und ich hoffe, dass er die Bude vorher desinfiziert hat). Er drapierte die armen Kinder in eindeutig zweideutigen Positionen auf Stapel zerrissener Netze oder auf leere Heringsfässer, und zwar so, dass der Betrachter zwischen den lasziv gespreizten Beinen den freien Blick aufs Mittelmeer hat. Mein Gott, man sieht fast noch das Gaumensegel, dachte ich mir. Wieder andere Opfer dieses Fotografen, der sich zweifellos für den künstlerischen Erben Helmut Newtons hält, steckten in riesigen Gummistiefeln, von denen in der Fabrik wohl noch einige rumgestanden hatten. Danach hatte er ihnen einen Schlauch in die Hand gedrückt, mit dem es dann (»Wasser marsch!«) die Fliesen abzuspritzen galt. Bäh.

Das Resultat dieses bemerkenswert inspirierten *Shootings* wurde dann offensichtlich im Labor noch einmal überarbeitet, noch einmal überblendet, damit auch alles schön *cool* rüberkommt. Denn Coolsein ist ja angeblich alles. Am besten man sieht ein bisschen gelangweilt aus oder auch etwas unterbelichtet und dazu braucht man eigentlich nur die Unterlippe ein wenig hängen zu lassen. »Super, ja, klasse, Baby, weiter so, I love you. You are great …« – das dürfte so in etwa der Originalton des Pep-Talks sein, mit dem die Burschen ihre Models motivieren.

Für welche Käufergruppe, fragte ich mich leicht angewidert, sind diese Lifestyle-Magazine eigentlich gemacht? Junge Frauen um die fünfundzwanzig, wenn ich mich nicht sehr täusche.

Ich erinnere mich noch an die Zeit, da ich so alt war und einen gut Teil meines Wissens über die Liebe und das Leben und was sonst noch so zählte, aus diesen Heften bezog. Und ich weiß noch genau, dass die Models damals wirklich so alt waren wie wir. Jedenfalls *ungefähr*. Ein bisschen hat man auch damals schon geschummelt, aber auf die Idee, Dreizehnjährige einen auf Lolita machen zu lassen, kam man dann doch noch nicht. Wäre ich noch mal fünfundzwanzig – was ich Gott sei Dank *nicht* bin –, würde ich mich von dieser Darstellung, verzeihen Sie den Ausdruck, ziemlich verarscht fühlen.

In den letzten zwei Jahrzehnten hat man, scheint mir, die

Latte dessen, was als jugendlich gilt, immer höher gelegt und sie ist für viele sehr junge Frauen zu einem echten Stressfaktor geworden. Es ist noch nicht lange her, da erzählte mir unsere Stephanie – die älteste Tochter meiner Freundin Caroline Jolicœur – etwas, das mir doch sehr zu denken gab: »Da kommt keine von uns mehr wirklich mit. Wir hechten nur noch einem nicht mehr erreichbaren Ideal hinterher.« Stephanie ist fünfundzwanzig und bildhübsch. Außerdem ist sie tüchtig im Beruf – und dennoch voller Selbstzweifel. Denn Stephanie will, wie alle Frauen, alles richtig machen. Wir sind *over-achiever*, wenn wir jung sind, Perfektionistinnen, die Studium, Beruf, Partnerschaft und Familienplanung unter einen Hut bringen wollen und erst viel später merken, dass das ein Ding der Unmöglichkeit ist. »Wir sollen alle aussehen wie eins von den *Spicegirls*«, sagte Stephanie, »aber schuften wie Ackergäule. Ich sitze oft abends um acht noch in meinem Bergwerk – und glaub mir, wenn ich dann in der U-Bahn sitze und die neue *Carla* oder *Susi* oder wie diese Hochglanzteile alle heißen, durchblättere, dann fällt mich zuweilen die schiere Verzweiflung an. Im Prinzip setzt man uns demselben Jugendkult aus wie euch, so kommt es mir jedenfalls vor.«
Ich muss zugeben, dass ich das so noch nie gesehen hatte – aber als ich diese Zeitschriften durchblätterte, wusste ich, dass Stephanie Recht hatte, sie hatte ja so was von Recht! Denn die amerikanischen Trendfabriken haben

ein neues Schönheitsideal etabliert, das sich nicht mehr erreichen lässt. Das heißt: die *Angst vorm Älterwerden*, die Angst davor, nicht gut genug zu sein (nebenbei bemerkt eine typisch weibliche Angst), hat offensichtlich inzwischen schon junge Frauen um die zwanzig beim Wickel – was paradox klingt, aber es ist wirklich so. Warum sollten die Zeitgeist-Designer auch mit ihrer mehr oder weniger systematischen *Angstmache* warten, bis ihre Opfer Mitte vierzig sind, wenn sie sie schon viel früher an der Angel haben können? Denn in dem Alter versucht man noch den Rollen- und Erwartungsansprüchen, die alle Welt an einen stellt, gerecht zu werden. Aber man erreicht sie nicht, und das scheint geradezu gewollt zu sein. Denn diese Ängste sind – ökonomisch gesehen – äußerst lukrativ. Wen wundert's, dass heute junge Leute Ende zwanzig, Anfang dreißig oft schon so etwas entwickeln wie eine frühe Midlife-Crisis, wenn sie darauf kommen, dass einfach alles zu viel ist? Für die Jungs ist es ähnlich. Man braucht sich nur einmal Zeitschriften wie *Men's Health* zu Gemüte zu führen – und hat danach keine Fragen mehr.

Apropos Jungs: Sie sind nicht mehr so pflegeleicht wie damals, als das Thema bei uns angesagt war, scheint mir. Aus Beziehungen zappen sie sich ebenso schnell raus wie aus einem Fernsehprogramm, das sie langweilt, und das kann einer Frau auf die Dauer schon ganz schön an die Nieren gehen.

Wir sind selbstbewusster heute, stehen »unseren Mann« im Beruf ebenso wie im Privatleben – und das ist etwas, was wir in fünfzig Jahren Emanzipation als gut und wünschenswert zu betrachten gelernt haben. Aber die Jungs zeigen sich renitent. Sie stehen immer noch auf Weibchen mit langen Beinen, die knapp unter den Achselhöhlen enden, sie sind eben immer noch Augenmenschen, die von einer Frau in Nadelstreifen zutiefst verunsichert werden, und den Mädchen von heute bleibt im Grunde genommen nur eines, wenn sie ein erfülltes Sexualleben haben wollen: Sie müssen ihr Licht eben immer etwas unter den Scheffel stellen. Das ist traurig, aber wahr. Sie müssen tüchtig sein *und* sexy – und ich glaube, das wäre mir einfach zu viel. Beine rasieren und immerzu die verdammten Kalorien zählen und abends nach Feierabend mal eben schnell zu H&M Dessous kaufen, also ne. Und auf dem Rückweg nach Hause noch die Zutaten fürs Abendessen besorgen – danke bestens. Das Schlimmste aber scheint mir zu sein: Heute müssen die Mädels mit dem Kinderkriegen so lange warten, bis sie beruflich etabliert sind, und das kann in wirtschaftlich schwierigen Zeiten dauern ...

Wenn ich's mir recht überlege: ich möchte – heute! – nicht noch mal zwanzig sein. Denn heute ist alles anders. *Cooler* irgendwie – ebenso cool wie diese stets etwas gelangweilt wirkenden Girlies in den Lifestyle-Magazinen. Sie sind nicht so blasiert, wie sie tun. Eigentlich würden sie lieber in meiner Küche sitzen und ein Paket Fischstäbchen verputzen mit einem halben Kilo Pommes dazu. Und zum Nachtisch die besagte Prinzenrolle niedermachen … Zu unserer Zeit waren Mädchen mit vierzehn noch Kinder. Heute zählen sie mit zwölf schon Kalorien, verdammt, und machen sich Sorgen darum, dass ihr Allerwertester in der neuen paillettenbestickten Jeans fett aussehen könnte. Die armen Hasen!

Freunde – wisst ihr was: Seien wir dem lieben Gott dankbar dafür, dass wir das alles hinter uns haben und den faulen Zauber inzwischen durchschauen.

Jungsein war schon zu unserer Zeit nicht unbedingt das reine Vergnügen und nur wer ein sehr schlechtes Gedächtnis hat, macht sich in der Hinsicht etwas vor. Aber jetzt ist Jungsein, schätze ich mal, noch viel schwieriger geworden, auch wenn unser Nachwuchs es rein materiell gesehen besser hat als wir damals in der schönen handylosen Zeit, da keiner so genau wusste, wo wir uns rumtrieben. Und da wir auch am Telefon nicht lügen mussten. Wir waren frei damals und wirklich unbeschwert. Während heute schon zweiundzwanzigjährige Mädchen einen Nervenzusammenbruch kriegen, wenn sie auf ihren Marmorbeinen etwas entdecken, was wie ein Besenreißer aussieht. Denn sie stressen sich mit Schönheitsidealen, die uns damals ziemlich schnurz waren. Ob wir nun Markenjeans anhatten oder nicht – das hat niemanden gekümmert. Wir fürchteten nicht, deswegen Statuseinbußen zu erleiden. Oder Einschränkungen in unserem Liebesleben. Aber genau das redet man den Kindern heutzutage ein. Denn mit Stress wird in unserer schönen neuen globalisierten Welt das meiste Geld verdient.

Die Kunst, nicht mehr ganz so jung zu sein und doch nie alt zu werden, beginnt, glaube ich, mit einer ganz einfachen Maßnahme: Pfeifen wir auf alle Stressverbreiter – und fangen wir früh genug damit an. Denn Stress ist genau das, was alt macht. Allerdings nur der Distress, wie man den negativen Stress nennt, der Kummer und Sorgen macht. Im Gegensatz dazu gibt es den sog. Eustress, den positiven Stress, der eher einem spannungsvollen Hochgefühl entspricht, wie es Kreative empfinden, wenn sie in den Zustand des »Flow«, des Fließens, geraten. Interessant ist, dass in der einschlägigen Anti-Aging-Literatur diese Unterscheidung nicht getroffen wird, jedenfalls nicht in der mir bekannten. Dort wird nur geraten, man solle Stress vermeiden – und das ist nun wirklich kompletter Blödsinn. Denn *Eustress* bewirkt gerade das Gegenteil. *Eustress* überschwemmt den Körper mit Endorphinen und anderen körpereigenen Glückshormonen – aber die Tatsache unterschlägt man uns eben gern aus den bereits genannten Gründen. Als Faustregel gilt: Publikationen, die diesen ganz wesentlichen Unterschied nicht erwähnen, können Sie getrost entsorgen. Entsorgen können Sie außerdem Ratgeber-Literatur, die sich an ein nicht ganz junges Publikum wendet, aber zur Illustration ihrer Heilsbotschaften nur schöne, knackige, *junge* Leute abbildet. Ich kann Ihnen gar nicht sagen, wie mir das auf den Wecker geht. Warum, in drei Teufels Namen, fragte ich mich an dem Nachmittag, als ich nach Dublin flog und die »Bärenhaut« durchblätterte, warum führt da eine maximal Dreißigjährige einen Gehwagen vor und guckt einen dabei mit diesem leicht schwiemelig-verzückten Schlafzimmerblick an, den man im Kiffer-Milieu als »stoned« bezeichnet? Solche Models werben in der Regel mit ähnlicher Begeisterung für Angora-Nierenschoner, wobei sie in Haltung und Ausdruck eher so aussehen, als säßen sie bei ihrem dritten Caipirinha an der Copacabana. Vergessen Sie den Schrott – vergessen Sie überhaupt alles, was Sie daran hindert, ganz einfach *zu leben*. Vertrauen Sie Ihrer Intuition.

Pfeifen wir auf die Typen, die ihr Publikum so zu manipulieren versuchen, wie es ihnen in den Kram passt – und leben wir unbeschwert und froh wie der Mops im Paletot. Pfeifen wir auf den ganzen Morning Mist. Der heißt nämlich nicht umsonst so.

Kleine Exkursion dorthin, wo Eiserne Ladies, Mintsoßen und Plumpuddings für miese Laune sorgen

Ich habe mir lange überlegt, woran es wohl liegen mag, dass man in Irland offensichtlich mehr als andernorts über die Welt und was sie im Innersten zusammenhält nachdenkt. Das Bier allein kann es ja wohl nicht sein. Vielleicht hat es wirklich etwas mit dem Wetter zu tun. In Irland stellt Petrus mindestens einmal pro Tag die Sprinkleranlage an und dann heißt es abwarten und Tee trinken und dabei ein wenig über Gott und die Welt und andere Dinge wie etwa die Preisentwicklung auf dem Viehmarkt nachzudenken. Denn sonst wird man bei dem Wetter dort wahrscheinlich rammdösig.
Vielleicht liegt's aber auch ganz einfach an dem vielen Katholizismus und den allgegenwärtigen *Holy Virgins* und Herzen Jesu, die einem aus jeder Ecke entgegenglühen. Wer einmal dort war, weiß: In Irland scheint jede Besenkammer noch über so etwas wie einen Herrgottswinkel zu verfügen und diese göttliche Allgegenwart hat schon etwas sehr Tröstliches. »Die Iren sind eben nicht nur sehr katholisch«, erklärte Charlotte mir später, als wir bei besagter Applepie und Sahnetrüffeln alles ausführlich bequatschten. »Das ginge ja noch. Aber sie sind eben *irisch-römisch-katholisch*, und was das bedeutet, kann eigentlich nur ermessen, wer hier aufgewachsen ist

und schon als Kind stundenlang Rosenkranz zu beten hatte und jeden Samstagnachmittag zur Beichte musste, dem lieben Gott Rapport erstatten.«

»Das trifft den Kern der Sache ziemlich genau«, fand auch Sophie, als wir sieben Tassen Tee später immer noch in Charlottes Küche saßen. »Aber es besteht doch ein fundamentaler Unterschied zwischen der irischen Art, den Kernproblemen der menschlichen Existenz auf den Grund zu gehen, und der unserer Philosophenkollegen auf dem europäischen Festland, die die deutliche Neigung aufweisen, den Dingen im stillen Kämmerlein nachzugehen und dabei die Gedanken vor sich hin zu

---

[58] die angeblich »jungfräuliche Königin«, die von 1558 bis 1603 das britische Weltreich mit eiserner Hand regierte, nachdem sie ihre katholische Nebenbuhlerin Maria Stuart ebenso wie diverse andere unliebsame Zeitgenossen mehr oder weniger stilvoll ins Jenseits befördert hatte. Auch ihre Lover ließ sie öfter mal im Tower einquartieren oder auch über die Klinge springen (was vielleicht sogar eine Gnade war, denn Lizzy hatte verrottende, schwarze Zähne. Sie zuzelte nämlich gern Zuckerrohr und hatte, da Blendamed noch nicht erfunden war, einen solch pestilenzialischen Mundgeruch, dass selbst die Asseln hinter der Scheuerleiste nicht überlebten). Elizabeth war die zweitälteste Tochter Heinrichs VIII., über den noch heute in den Archiven des Vatikans so einiges an pikanten De-

mümmeln. Die Deutschen haben ja nun auch diesen Hang zum Tiefschürfen und zum kategorischen Imperativ, weswegen sie uns wahrscheinlich auch um Welten lieber sind als unsere englischen Kolonialherren, die uns bekanntlich jahrhundertelang so einiges geboten haben. Das fing mit Elizabeth I.[58] an und hat offensichtlich mit dieser Ziege Maggie Thatcher, pardon *Lady* Margaret Thatcher, noch kein Ende. Die eiserne Lady hat unlängst übrigens in einem Fernsehinterview einen Iren gefragt, wo er zu Hause sei, und als er Cobh[59] sagte, antwortete sie ›Yuk‹ (was in etwa einem deutschen ›Bäh!‹ oder ›Pfui Deibel‹ entspricht) und machte auf dem Absatz kehrt.

---

tails nachzulesen ist. Elizabeth hasste wie er die Iren aus dem tiefsten Grund ihrer rabenschwarzen Seele, versuchte das Land auszuhungern und dieser Politik sind die Engländer denn auch bis Mitte des 19. Jahrhunderts (!) treu geblieben, als eine Serie von Missernten das Land entvölkerte – während die Engländer in ihren Liegestühlen saßen, Limonade tranken und gemütlich zusahen.

[59] Cobh liegt übrigens ganz in der Nähe von Ballinamore. *Cobh* alias *An Cóbh* ist die Hafenstadt im Süden Irlands, von der aus damals der große irische Exodus nach Nordamerika ausging. Tausende von Iren, die die Große Hungersnot der Jahre 1845–1850 überlebt hatten, gingen dort an Bord der Schiffe, mit denen sie ihre Heimat für immer verließen. Eine

Seither kursiert im County Cork das Gerücht, Maggie sei eine Reinkarnation dieser Tudor-Schlampe, aber das halte ich denn doch für etwas übertrieben. Historisch gesichert ist jedenfalls, dass beide Sternzeichen Skorpion sind mit Aszendent *Bullterrier*.

Vielleicht liegt es ja an diesen beiden Iron Ladies, dass an vielen *Bed & Breakfasts* in Irland der Hinweis ›Hier wird Deutsch gesprochen‹ zu finden ist, während wir Engländern gegenüber gern so tun, als sprächen wir nur *Oirish*. Tatsache ist jedenfalls, dass die Deutschen in Irland gern gesehene Gäste sind – ebenso wie unsere gemeinsamen amerikanischen Cousins.[60] Im Unterschied zu den Briten reden die Deutschen in der Regel auch ein verständliches Englisch, jedenfalls bemühen sie sich sehr darum.

Million Iren kam ums Leben damals, eine weitere Million wanderte aus. Zurück blieben nur leere Häuser, die sog. *Famine-Houses*, von denen die englischen Grundherren die Dächer abreißen ließen, um die sog. Dachsteuer zu sparen. Fast einhundertfünfzig Jahre lang prägten diese Ruinen die irische Landschaft, vor allem im County Cork, wo die Hungersnot die meisten Opfer forderte.

[60] Amerikanische Touristen in Irland sind übrigens unschwer schon von weitem an ihren unvermeidlichen Cappies, ihren vorzugsweise moosgrünen Windjacken und ihren buntkarierten *Hosen* erkennbar, deren Design immer ein wenig

Und sie sind auch willens, wenngleich nicht immer in der Lage, über etwas anderes als das Wetter zu reden. Auch versuchen viele Deutsche, sich das Gälische zumindest in Grundzügen anzueignen, was wir hier ganz rührend finden, obwohl der Versuch nur selten von Erfolg gekrönt ist. Die Briten, die sich damit beschäftigen, lassen sich dagegen zweifellos an den Fingern einer Hand abzählen. Aber lassen wir das Thema England und schenken wir uns den Rest unserer ziemlich verwickelten Historie, bei der einem echten Iren immer noch das Guinness von der Kommunion hochkommt. Denn immerhin sind unsere Nachbarn bereits mit ihrer Küche, den unsäglichen *Mintsauces* und *Plumpuddings* und vor allem dieser unseligen Erfindung eines gewissen Lord Sandwich

---

ins Picknickdeckenhafte geht. Dazu tragen sie klobige, handgenähte Operettenschuhe mit Bömmelchen, die nur so aussehen, als wären sie bequem, die einen aber tatsächlich schon nach drei Kilometern Fußmarsch umzubringen imstande sind, was sie aber nicht merken, da sie ohnehin nirgends zu Fuß hingehen. Die Deutschen tragen Barbourjacken und dicke Shetland- oder Schafwollpullover (auch im Hochsommer). Dazu Mephistos oder – bei schönem Wetter – auch Birkenstocksandalen mit Socken von Hess Natur. Auch über die Italiener gäbe es noch so einiges zu sagen, aber das führt hier wohl zu weit, schätze ich mal …

geschlagen genug, von ihren lauwarmen Bieren und dem Rottweiler ganz zu schweigen, auch wenn Letzterer jetzt, nachdem ihr stoffeliger Thronfolger die Beziehung legitimiert hat, zumindest ein paar anständige Hüte im Schrank liegen hat – und das ist doch ein deutlicher Fortschritt gegenüber früher, wo es immer so aussah, als sei der Rottweiler gerade in einen Wolkenbruch geraten. Und hätte danach versucht, die ohnehin schon unsägliche Coiffure in einem Windkanal zu trocknen.«
Dieser Lord Sandwich[61] übrigens, erklärte Sophie noch ganz am Rande, soll ein zahnloser alter Zocker und ein *fauler Hund* gewesen sein, der der Spielleidenschaft verfallen und von morgens bis abends am Kartentisch gehockt sei. Um nur ja nicht seine ebenso adeligen wie arthritischen Knochen zum Zwecke der Nahrungsaufnahme von A nach B bewegen zu müssen, erfand er diese Butterbrote, die man auch auf den Felgen kauen kann und die dann prompt das Ende des britischen Weltreichs einläuteten. Die Erfindung des Fast Food (*Fast Food* ist *fast* Food, aber eben nur *fast*) hat er nur um wenige Jahrzehnte überlebt, denn in einer im Wesentlichen aus Pappdeckeln und Zweikomponentenkleber bestehenden Ernährung kann kein Segen liegen. Die Iren haben, Gott sei Dank, stets an ihrem köstlichen Soda-Bred festgehalten, einem herzhaften Vollkornbrot, das in England als Armeleute-Essen galt. Da sieht man mal, wie man sich täuschen kann! Vielleicht ist die irische Küche – um

Welten besser übrigens als die englische – ja der eigentliche Grund dafür, dass die Insel gerade boomt? Nicht auszuschließen! Kreativität und Ernährung, da beißt die Maus keinen Faden ab, stehen in einem deutlich wahrnehmbaren Zusammenhang. In England würde ich, die ich nicht gänzlich unkreativ bin, unverzüglich in totale Apathie verfallen, schätze ich mal. Schon das Abendessen, das ich auf meinem *British Airways*-Flug nach Dublin serviert bekam, hätte mich um ein Haar in einen komatösen Zustand befördert, wenn ich nicht mein übliches Überlebens-Kit in meinem Rucksack dabeigehabt hätte, das aus einer Toblerone, ein paar Bodensee-Äpfeln und einem Paket Pumpernickel besteht, mit dem ich dem sicheren Tod noch einmal von der Schippe springen konnte. Denn dieses Abendessen, das man uns zumutete, bestand ebenfalls aus so einem Sandwich, einem Chickensandwich angeblich, das sich als ein süßliches, mit Kaugummi, Seife und einem müden Salatblatt belegtes Wattebrötchen[62] erwies und das auch durch die großzü-

---

[61] (1718–1792)

[62] die gleichen Brötchen übrigens, die die Amerikaner für ihre berüchtigten Hotdogs verwenden und die im Übermaß genossen zu den bedauerlichsten physiognomischen Schäden führen. Das lässt sich auch mit viel *Diet Coke* nicht mehr rausreißen.

gige Verwendung von Mayonnaise nicht besser wurde. Dazu gab es ein paar Kräcker mit Ponal sowie zwei Scheiben einer nicht mehr genau identifizierbaren mortadellaähnlichen Substanz, zu deren näherer Altersbestimmung es schon einer Radiokarbonanalyse bedurft hätte. Das Dessert bestand aus einer Scheibe jener Sorte von Früchtekuchen, deren spezifisches Gewicht man in etwa bei Uran ansiedeln kann und deren Genuss Festlandeuropäer stets an ihre Sterblichkeit erinnert. Denn um das Zeug verdauen zu können, braucht man einen Chromosomensatz, der sich über Jahrhunderte hinweg an Haferschleim und an andere kulinarische Fragwürdigkeiten angepasst hat.

»Manchmal frage ich mich«, hatte Charlotte gemeint, als sie mich vom Flughafen abholte und ich ihr von meinem abenteuerlichen Imbiss erzählte, »manchmal frage ich mich wirklich, warum die Normannen, als sie 1066 die Insel übernahmen, nicht ihren *Coq au vin* mitgebracht haben – das wäre doch mal eine Maßnahme gewesen – oder wenigstens die Heringssalate ihrer dänischen Heimat. Vielleicht, ganz sicher sogar, wäre die Weltgeschichte dann anders verlaufen. Hängt nämlich manchmal an so dummen Details.

Machen wir uns nichts vor: Vom Verlust ihres Weltreichs, der in letzter Konsequenz mit großer Wahrscheinlichkeit auf ebendiesen alten Knacker namens Sandwich zurückzuführen sein dürfte, haben sich die

Engländer wohl nie ganz erholt. Und jetzt müssen sie auch noch mit ansehen, wie die Paddys ihnen hierzulande was vormachen. Die Engländer trauern immer noch der alten Victoria nach, die dort verehrt wird wie eine Heilige, und wenn sich der alte Heinrich VIII. damals, fünfzehnhundertungrad, mit Rom nicht so hoffnungslos überworfen hätte, wäre die kleine alte Dame vermutlich zumindest selig gesprochen worden, da bin ich ganz sicher.

Seit es sie nicht mehr gibt, ist eben nichts mehr so, wie es mal war, und damit kommen unsere Nachbarn jenseits der irischen See gar nicht gut klar. Ist eben immer schlecht, Dingen nachzutrauern, die man doch nicht mehr ändern kann. Das gilt für Individuen ebenso wie für ganze Volksstämme, scheint mir. Mit ihren versilberten Teegeschirren, die man in England allenthalben mit geradezu religiöser Inbrunst und viel Wiener Kalk auf Hochglanz poliert, und ihren von Heckenrosen überwucherten Tässchen aus echtem *bone china* tröstet man sich beim unvermeidlichen Five-o'clock-tea immer noch über den Verlust von Glanz und Glorie hinweg. Dazu serviert man kiloschwere Scones mit dicker Sahne, die bei jedem, der nicht seit mindestens dreißig Generationen auf der Insel ansässig ist, schon von spontanem Nasenbluten über Ohnmachtsanfälle bis hin zu Herzstillstand alles ausgelöst haben.

Die Engländer sind, schätze ich mal, wohl auch der eigentliche Grund, weswegen wir hier auf unserer Insel so einiges an Bewältigungsstrategien entwickelt haben.

Denn Not macht bekanntlich erfinderisch. Im Laufe unserer ziemlich verwickelten Historie sind wir vor allem auf die Idee mit unseren Pubs gekommen, die heute als soziologisches Phänomen ersten Ranges gelten und die inzwischen überall auf diesem verwirrten Globus Forschungsgruppen beschäftigen. Denn Pubs scheinen Brutstätten des Glücks zu sein. Und vielleicht gelten ja deswegen die Iren als das glücklichste Volk Europas, wie es die Umfragen erwiesen haben.

Der zweite Grund für unsere glückliche Selbsteinschätzung hat möglicherweise mit unserem bereits erwähnten Kinderreichtum zu tun und mit der damit verbundenen durchaus angenehmen Beschäftigung, die ja bekanntlich auch hilft, sich die Zeit ein wenig zu vertreiben.

Zum dritten aber reden wir gern, was du, liebes Mariechen, schon allein daran ermessen kannst, dass ich dich kaum zu Worte kommen lasse. Theoretisch weiß man das andernorts zwar, steht ja auch in jedem Reiseführer, doch was das wirklich bedeutet, kann nur ermessen, wer einmal hier war und eigentlich bloß nach dem Weg fragen wollte. Und das kann öfter vorkommen, da die irische Art, Straßen zu beschildern, etwas leicht Erratisches hat und eher verwirrt als aufklärt. Mit Scheibe runterdrehen und einfach so fragen ›Verzeihung, wo bitte geht es denn nun nach BallinaXY?‹ ist es hierzulande nicht getan. Es gibt immer mehrere Wege zum Ziel. Nur Greenhorns latschen in derlei Fettnäpfchen. Wer sich auskennt, weiß: Man kann sich nur langsam an das Thema heranschleichen. Ein echter Ire versucht zunächst einmal festzustellen, woher du kommst und ob er mit dir verwandt ist, sobald du irgendwo auch nur mit einem ›Grüß Gott‹ bzw. einem im angelsächsischen Sprachraum eher üblichen Gruß deine grundsätzliche Bereitschaft zu gepflegter Konversation kundtust.«

Deutsche hätten in dieser Beziehung übrigens weitaus bessere Chancen als Engländer, erklärte Charlotte, denn nicht selten stelle sich heraus, dass Deutsche und Iren gemeinsame Cousins und Cousinen in Montreal, Boston oder Houston, Texas, oder auch in Sydney hätten.

»Die Welt ist klein, heißt es dann, danach gehörst du schon halb zur Familie und wirst üblicherweise erst einmal über die komplette Biographie deines Gesprächspartners sowie seinen Gesundheitszustand bis ins Detail ins Bild gesetzt. Vielleicht machen auch gerade die Pubs auf und dann kann man den Plan, am selben Tag noch nach BallinaXY zu fahren, ohnehin vergessen. Aber das ist ja auch nicht so wichtig.

Nach diesen einleitenden Bemerkungen braucht man einem Iren dann nur eine Frage zu stellen – egal zu welchem Thema – und erhält prompt einen halbstündigen druckreifen Vortrag über das zur Debatte stehende Problem und die der Frage zugrunde liegenden Zusammenhänge. Deswegen bin ich ja auch so sicher, dass du deine Wette verlierst. Aber lass dich überraschen! Ich habe für heute Abend ein paar interessante Leute zu McCartney's eingeladen und sie brennen alle darauf, dich kennen zu lernen.«

V.
Der Stein der Weisen oder: Warum die besten Jahre im Leben die zwischen vierzig und neunundneunzig sind – der Geheimnisse fünfte Lieferung

»Woran man merkt, dass man alt wird? Das ist gar nicht so einfach zu beantworten. Darüber muss ich erst einmal nachdenken«, sagte Father Ted, während er zur Theke ging und noch eine Runde Guinness für uns alle bestellte.

Da in Irland ein sorgfältig gezapftes Bier immerhin gute fünf Minuten braucht,[63] besteht die Kunst, die jeder Ire spätestens dann zu lernen hat, wenn er bis *zehn* zählen kann, darin, genau den richtigen Moment abzupassen, da man den Wirt um Nachschub angehen muss. Sonst kann es nämlich passieren, dass man ganze fünf Minuten lang auf dem Trockenen sitzt. Und das ist der Gemütlichkeit (die in Irland bekanntlich fast so hoch verehrt wird wie die Muttergottes) doch sehr abträglich. Hier weiß man: In der Ruhe liegt die Kraft. Und dass

---

[63] Alles andere geht einem irischen Wirt, der etwas auf sich hält, gegen die Ehre und läuft unter der Bezeichnung »Unheilige Hast«.

Guinness tatsächlich »good for you« ist. Unlängst hat die Forschung denn auch bestätigt, was wir längst dumpf geahnt haben: Bier ist gesund. Weil es nicht nur jede Menge Vitamine und Spurenelemente enthält, sondern auch gute Laune[64] macht, vor allem dann, wenn man dabei nette Leute um sich herum hat, und das wiederum ist gut fürs Immunsystem. Denn Stress, negativer Stress, ist, wie wir gesehen haben und wie die Altersforschung bestätigt, *das, was den Alterungsprozess am stärksten beschleunigt,* was man in Irland offensichtlich schon länger weiß als andernorts. Und wo man ein ganzes Volk des Abends beim *Abbremsen dieses Alterungsprozesses* beobachten kann. Dort trifft man sich auf ein Bierchen oder zwei, dort wird über Gott und die Welt diskutiert und zuweilen, vor allem dann, wenn Musik gemacht wird, läuft alles zur Hochform auf. Und das ist wirklich »good for you«.

Als wir am Nachmittag in Charlottes Küche gesessen

---

[64] allerdings nur, solange man nicht zur Kategorie des so genannten »Bierdimpfl« gehört. Bierdimpfl sind Leute, die eigentlich keinen Alkohol trinken sollten, weil sie dann unleidlich werden. Der Alkohol verstärkt eben, wie das Altwerden auch, die eigentlichen Charakterzüge eines Menschen. Die netten scheinen noch netter zu werden und die miesepetrigen eben noch miesepetriger. Ein Phänomen, das jeder bestätigen

und Tee getrunken hatten, ahnte ich noch nicht, wie sehr dieser denkwürdige Kneipenbummel all das, was Sie hier gerade auf dem Papier nachlesen können, beeinflussen sollte. Charlotte, Sophie und ich hatten uns am Abend geschlossen ins Pub begeben, so wie zirka fünfundneunzig Prozent der irischen Bevölkerung es offensichtlich gewohnt zu sein scheinen. Die restlichen fünf Prozent sind schätzungsweise Ordensschwestern, die dort besonders häufig und auch besonders katholisch sind und die eigentlich auch ganz gerne gehen würden, aber nicht so richtig können. Gehört sich wohl nicht. Immerhin erlaubt ihnen die Tatsache, dass Bier in Irland nicht etwa als Genuss-, sondern als Grundnahrungsmittel betrachtet wird, ein, zwei *pints* täglich, die müssen sie (angeblich) auch nicht beichten,[65] seit Papst Johannes XXIII. im Zuge seines sehr vernünftigen *Aggiornamento* in seiner Enzyklika »De Cervisia mirabilis« (zu Deutsch in etwa: »Über dieses Superbier«) den irischen Töchtern den Ge-

---

kann, der einmal in einer Kneipe oder in einem Altersheim gejobbt hat. Charlotte, von der ich diese Weisheit habe, hat als Studentin beide Erfahrungen gemacht und dabei die verblüffende Parallele entdeckt.

[65] Die Geschichte von der päpstlichen Bulle hat mir Father Ted an diesem Abend erzählt und wenn ich mir meine Aufzeichnungen jetzt so anschaue, frage ich mich doch, ob er mir

nuss ausdrücklich empfahl, wohl wissend, dass einem die Chose mit dem Zölibat im Verein mit dem vielen Regen auf der Insel auf die Dauer ganz schön aufs Gemüte schlagen kann. Möglicherweise ist die päpstliche Bulle auch der Grund dafür, dass die Geistlichkeit hierzulande besonders gut drauf ist. Etwas ungerecht finde ich allerdings, dass von einer anständigen Nonne (und Nonnen sind ja nun von Berufs wegen anständig) erwartet wird, dass sie ihr tägliches Deputat Guinness auf dem Bänkchen vor dem Pub einnimmt.[66] Priester hingegen dürfen die Schankstuben betreten, vermutlich haben sie sich mit der Entschuldigung rausreden können, dass sie zum Seelsorgen dahin müssen.[67] Und dass ein guter Hirt da zu sein hat, wo seine Schäfchen am liebsten grasen, und das ist nun mal im Pub. So kam es, dass wir an diesem

---

da nicht einen Bären aufgebunden hat. Er hat geradezu ein Patent auf solche Storys, wie ich später erfuhr, und diese blühende Phantasie scheint wohl auch der Grund dafür zu sein, dass sein Kirchlein des Sonntags immer gesteckt voll zu sein pflegte. Leider predigt er heute, da er in Rente ist, nicht mehr so oft, was man in Ballinamore sehr bedauert.

[66] Außerdem gewinnen die irischen Nonnen, wie Father Ted zu berichten wusste, seit dieser Cervisia-Bulle auch jedes Jahr die Weltmeisterschaft im Rosenkranzbeten, was ohne dieses Dopingmittel wohl kaum möglich wäre. Vorher ging der Po-

Abend nicht nur Charlottes und Sophies vortrefflichen Vater trafen, den einhundertunddreijährigen (!) Daniel O'Neill, sondern auch dessen besten Freund Edward O'Neal alias Father Ted (wie man ihn nach einer allseits beliebten Fernsehserie nennt). Und das sollte die erstaunlichsten Folgen haben.

»Sag mal, Ted«, fragte Daniel ihn, »woran erkennt man, dass man alt wird? Was fällt dir zu diesem Thema ein?« Father Ted wiederum, nicht faul, gab die Frage ans Plenum weiter und im Nu schallten uns aus allen Ecken des verwinkelten Pubs jede Menge Antworten entgegen.

Es dauerte nicht lange und alle standen um uns herum. Father Ted orchestrierte die ganze Angelegenheit aufs Geschickteste (Pfarrer sind in so etwas immer gut) und das Ergebnis der spontan organisierten Konferenz ist

---

kal immer an die Brasilianerinnen. Besonders ausgezeichnet habe sich dabei Schwester Eulalia (»Die Schönzüngige«) aus Limerick, wo die Limericks herkommen. Auch so ein irischer Exportschlager.

[67] Womit wir bei der alten theologischen Grundfrage angekommen sind, über die man sich in Irland schon seit Jahrhunderten den Kopf zerbricht: »Darf man beim Beten Guinness trinken?« Klare Antwort: »Nein!« »Darf man beim Guinness-Trinken beten?« – sehen Sie, daher der Hang der Iren zum Philosophieren.

ebendieses Buch. »Alt, schätze ich mal, ist man dann, wenn man sich so alt fühlt, wie man ist«, sagte einer der Anwesenden und ein anderer bemerkte: »Alt ist man offensichtlich, wenn die da oben versuchen, einem den Führerschein abzunehmen. Da habe ich denen aber Bescheid gesagt! Die statistische Wahrscheinlichkeit, dass ein *Achtzigjähriger* einen Unfall hat, ist weitaus geringer als die, dass ein *Achtzehnjähriger* irgendeinen Blödsinn macht. Deswegen sollte man den Achtzehnjährigen den Führerschein abnehmen und nicht uns!«

»Das hast du gesagt?«, fragte man im Plenum nach. »Ja, das habe ich gesagt. Danach habe ich von denen da oben nichts mehr gehört.«

Die Iren haben ein erstaunliches Talent zum Reden, was die Linguistin in mir stets begeistert. Auch haben sie die in Europa wahrscheinlich einzigartige Eigenart, in einem einzigen langen, atemlosen Satz die unterschiedlichsten Dinge so gut wie *gleichzeitig* zu behandeln, kurz: Sie reden, wie sie denken, und packen dabei alles, was ihnen gerade so durch den Kopf schießt, in ein und denselben Bandwurmsatz. Es ist schon ein Phänomen, über das ich immer wieder staune – ohne es mir übrigens erklären zu können. Wenn sich mal einer die Mühe machte, die durchschnittlichen Intelligenzquotienten der Europäer zu vergleichen, ich wette, er käme darauf, dass die Kelten über so einiges mehr an Grips verfügen, so dass sie getrost auch einiges davon versaufen können – dann sind sie immer noch auf dem andernorts üblichen Level. Zu viele Gedanken im Kopf, die man nicht so richtig sortieren kann, sind nicht unbedingt ein Segen und manchmal denke ich, dass die Iren schon allein deswegen das Guinness erfunden haben, weil es sie beruhigt.

Manchmal steht man nur sprachlos im wahrsten Wortsinne da und bekommt – in einem einzigen Satz ohne Punkt und Komma wohlgemerkt – völlig unentgeltlich Einsichten geboten über die neuesten Entwicklungen in Politik und Wirtschaft und im Kochtopf des Nachbarn, man erfährt, dass Fiona vorzeitige Wehen hatte und Nuala nach Dublin gefahren ist und sich die Krampfadern rausmachen lässt, obwohl das ja gar nicht so gesund sei, letztes Jahr war mal einer in Tralee, der dabei ins Gras biss, bless his soul, man wisse das, weil seine Schwägerin eine Cousine zweiten, nein Moment, *dritten* Grades der Nachbarin des Sprechers sei, hübsches Mädchen übrigens und vor allem tüchtig, arbeitet in Dublin in einem dieser Callcenter, die dort aus dem Boden schießen wie Pilze, Dublin habe sich überhaupt ziemlich verändert in den letzten Jahren, obwohl diese Callcentergeschichte ja nun auch nicht wirklich ein Segen sei. An diesem Morgen hätte der Sprecher doch schon wieder einen von diesen Jungs an der Strippe gehabt, da sollte man doch endlich mal einen Riegel vorschieben, Lotterielose habe der Typ ihm verkaufen wollen – aber er habe ihn, hah! in ein Gespräch über die eigentlichen Hintergründe der Papstwahl verwickelt, so dass der Junge schließlich vergessen habe, was er ihm eigentlich habe verkaufen wollen.

Das ist so in etwa irischer Originalton.

Dass ein deutscher Papst das Rennen machte, ist für die Iren übrigens schon ein herber Schlag ins Kontor gewesen, das hätte ihnen jetzt gerade noch gefehlt: zweistelliges Wirtschaftswachstum *und* ein irischer Papst – aber es sei den armen Deutschen, die ohnehin schon an einem bedauernswerten Mangel an Selbstbewusstsein leiden würden, ja auch mal was gegönnt, die würden ja sonst immer nur beim Fußball gewinnen und jetzt zögen sie ständig die Armkarte. Er habe mal einen gekannt, der ...

Ich bin heilfroh, dass ich mir damals in Kinsale noch auf die Schnelle einen Kassettenrekorder besorgt hatte, was die Arbeit an diesem Buch doch sehr erleichtert hat. Es schrieb sich tatsächlich von ganz allein. Vor allem den Pubweisheiten am Ende des Buches musste ich nichts hinzugefügen, ich habe nur ein wenig Herzblut in die Fußnoten fließen lassen, aber das ist auch wirklich alles. Ich habe auch so gut wie nichts zensiert oder gestrichen, nur den Beitrag jenes Pub-Besuchers, der sich offensichtlich durch den intermittierenden Einfluss einer nicht mehr genau feststellbaren Anzahl von Whiskys in einem fortgeschrittenen Zustand der Alkoholisierung befand. Zum Thema Älterwerden aber fiel ihm immerhin noch ein, dass er »vor vielen Jahren wesentlich jünger« gewesen sei, eine Weisheit, der man vielleicht bei entsprechender Überlegung doch noch einen tieferen Sinn abgewinnen könnte. Ich wüsste zwar nicht welchen, jedenfalls nicht auf Anhieb, aber lassen wir das mal dahingestellt sein. Ich wette, dass zwei Iren im Gespräch selbst noch aus einer solchen Banalität eine Weltanschauung zu drechseln imstande wären.

»Woran man merkt, dass man alt wird? Vielleicht daran, dass unser Nachwuchs uns groß anschaut, wenn wir noch aus der Zeit zu berichten wissen, da es nur Schwarzweißfernsehen gab? Und auch nur ein Programm. Und keine Werbung nach zwanzig Uhr. Wir wissen noch, wie fabelhaft es war, ohne Satellitenschüsseln und Handys aufzuwachsen, und ohne Bullettenburger. Damals waren Fish'n'Chips wirklich noch billig ...«

»Vielleicht wird man alt, wenn man anfängt, über die Jugend von heute zu schimpfen?«, warf ein knapp Achtzehnjähriger ein. »Und sich in öffentlichen Verkehrsmitteln auch laut und vernehmlich darüber auslässt?«

»Das kommt ungefähr hin«, sagte Daniel. »Aber es gibt noch mehr, womit man nie anfangen darf. Lasst mich euch dazu eine Geschichte erzählen, die mir passiert ist, als ich hundert wurde.

Man hat es nicht mehr so leicht, wenn man erst einmal diese magische Marke erreicht hat. Heute weiß ich, dass die besten Jahre im Leben ganz eindeutig die zwischen vierzig und neunundneunzig gewesen sind«, erklärte er, während wir auf die nächste Runde Guinness warteten.

Ich glaube, das ganze Pub war um uns herum versammelt und alles lauschte gebannt, was Daniel O'Neill, der berühmte Daniel O'Neill, zu diesem Thema zu sagen hatte.

»Und warum gerade nur bis neunundneunzig?«, wollte jemand wissen. »Weil es so ab dem Hundertsten dann wieder anstrengend wird. Da stehen dann nämlich jedes Jahr mehr Journalisten auf der Matte und diejenigen, die meine Frau nicht abwimmeln kann, löchern mich mit mehr oder weniger indiskreten Fragen. Je höher die Auflage der Zeitung, für die diese Burschen arbeiten, desto naseweiser werden sie, scheint mir.

Sie wollen unbedingt mehr über mein ›Geheimnis‹ wissen. ›Es gibt eigentlich kein Geheimnis‹, antworte ich dann, aber das glaubt mir immer keiner. Diese Jungs sind überzeugt davon, dass es irgendeinen *Trick*, irgendein Lebenselixier geben *muss*, von dem ich mir morgens, mittags und abends jeweils ein Gläschen oder auch zwei genehmige und dem ich dieses unanständig hohe Alter zu verdanken habe. Ich erwähne auch stets die wohltätige Wirkung unserer heimischen Biere, aber das reicht ihnen nicht – es muss, davon sind sie zutiefst überzeugt, doch mehr dahinter stecken. Und sie warten geduldig darauf, dass ich endlich das ganz große Geheimnis ausplaudere. Da sitzen sie also mit ihren Dreitageglatzen (bzw. -bärten) und ihren hungrigen Paparazzi-Pupillen und eigentlich können sie einem schon richtig Leid tun. Deswegen habe ich mir beim letzten Mal auch etwas anderes ausgedacht.

›Es gibt tatsächlich ein Geheimnis, meine Herren‹, verkündete ich und ihr hättet sehen sollen, wie plötzlich Leben in die Meute kam! Ich wette, dass sich der eine oder andere von ihnen schon auf dem Podium bei der Verleihung des Pulitzer-Preises sah, den ihm die sensationellen Enthüllungen über dieses bislang noch nicht entdeckte Wundermittelchen eintragen würde.

›Man bleibt jung…‹, begann ich – und all die Youngsters um mich herum sahen mich mit derselben erwartungsvollen Aufmerksamkeit an wie mein Terrier, wenn ich eine Büchse Cäsar aufmache, ›… man bleibt jung, solange man noch Pläne im Kopf und Ideale im Herzen trägt, solange man noch lernen und lieben und Widersprüche ertragen kann. Solange wir uns für andere Menschen und ihre Probleme interessieren – und nicht nur für uns selbst und unsere eigenen Zipperleine, solange man überhaupt nie anfängt aufzuhören und aufhört anzufangen.

Man bleibt jung, solange man noch an das Gute glauben kann und an Wunder und Weisheit und solange man weder geizig noch gierig noch *kleinlich* wird. Man wird nicht alt, solange man nicht anfängt, sich zu langweilen und die Zeit mit irgendwelchen banalen Beschäftigungen zu verbringen oder auch anderen mit den eigenen Leidensgeschichten auf die Nerven zu fallen.

Man bleibt jung, solange man sich für Neues begeistern

kann und nicht der Erinnerung an verpasste Gelegenheiten nachtrauert, solange man noch zuhören und bewundern kann, solange man den Wunsch hat, sich nützlich zu machen und jeden Tag irgendjemandem etwas Gutes zu tun. Und solange man im nächsten Jahr ein Stückchen weiser wird als im vergangenen.
Und vor allem, solange wir nicht träge werden, nur noch in quietschbunten Jogginganzügen auf der Parkbank sitzen und mit dem Kopp wackeln.‹«
»Das hast du gesagt?«, fragte das Plenum wieder nach.
»Ja, das habe ich gesagt. Danach entstand eine etwas eigenartige Pause. Alles schien die Luft anzuhalten. Doch dann fragte einer dieser Journalisten: ›Ist das alles, Sir, oder kommt noch was?‹, was ich wahrheitsgemäß mit einem ›Das ist alles‹ beantwortete.
›Also, ich glaube, ich sterbe dann doch lieber jung‹, entgegnete der Journalist, schaute mich mit seinen müden Augen an und holte seine Kippen aus der Jackentasche. ›Ich weiß nämlich ehrlich gesagt nicht, ob ich wirklich alt werden will.‹
›Alt werden, meine Herren, ist Arbeit. Alt werden ist, wie Sophie Tucker das richtig beobachtet hat, nichts für Weicheier.‹«
»Das hast du gesagt?«
»Das habe ich gesagt. ›Jungsein ist Übungssache, aber man muss eben seine Vokabeln lernen. Sich immer wieder in Erinnerung rufen, warum wir hier unten sind.

Um anderen Menschen – nicht uns selbst – das Leben leichter und schöner zu machen. Und dafür ist man nie zu alt. Es gibt tatsächlich ein Geheimnis, meine Herren, und das weiß ich, seit ich den Stein der Weisen geschenkt bekam.‹«

An dieser Stelle nun kramte Daniel, wenn auch etwas mühsam, einen Stein aus seiner Tasche, einen großen Flusskiesel, und alle im Pub reckten die Hälse, um einen Blick auf diesen geheimnisvollen Stein zu werfen, den man allenthalben auf diesem Globus jahrhundertelang gesucht hat, weil er angeblich jedes noch so unedle Metall in Gold zu verwandeln imstande sei. »Die Alchemisten haben ihn damals nicht gefunden. Sie haben jede Menge anderer Sachen rausgekriegt, so haben sie zum Beispiel das Porzellan entdeckt. Aber sie sind nie darauf gekommen, dass es wichtiger ist, zu sein als zu haben – dass Glück und ein langes Leben nichts, aber auch gar nichts mit dem Besitz zu tun hat, den wir anhäufen. Aber mit meinem Stein gelingt, was all den neunmalklugen Alchemisten dieser Welt nie bewusst geworden ist. Charlotte hat ihn mir geschenkt, als sie damals aus dem Hause ging.«

Charlotte, die neben mir stand, wurde ein wenig rot. Sie reichte mir schließlich den Stein, den Daniel zur näheren Inspektion hatte herumgehen lassen.

Er war mit grasgrüner Plakafarbe bemalt und mit vielen winzigen vierblättrigen Kleeblättern.

Auf der Vorderseite stand, liebevoll kalligraphiert, nur ein einziger Satz: »Keep that stone rolling!«, zu Deutsch etwa: »Bloß kein Moos ansetzen!«[68] Und auf die Rückseite hatte Charlotte ein Zitat von Huxley geschrieben: »For Danny-BOY«, stand da. »The secret of genius is to carry the spirit of the child into old age, which means never losing your enthusiasm.«[69]

»Enthusiasmus«, hat auch unser Christian Morgenstern einmal gesagt, »Enthusiasmus ist das schönste Wort der Erde« … Damit lässt sich alles, aber auch wirklich *alles* in Gold verwandeln.

---

[68] in Anspielung auf die im angelsächsischen Sprachraum volkstümliche Beobachtung, dass ein rollender Stein kein Moos ansetzt. Die Kunst, in Bewegung zu bleiben und womöglich auch noch ein paar andere Steine ins Rollen zu bringen, ist zweifellos eines der Geheimnisse der Menschen, die immer jung zu bleiben scheinen.

[69] zu Deutsch etwa – »Das Geheimnis der Genialität besteht darin, sich auch im Alter kindliches Denken zu bewahren, und das bedeutet, niemals seinen Enthusiasmus zu verlieren.«

VI.
Pubweisheiten – der Geheimnisse ultimative Lieferung

»Ich habe immer gefunden, dass man am meisten von den Leuten lernen kann, die selber nie aufgehört haben zu lernen. Dazu gehören Künstler und deswegen erschien es mir immer wünschenswert, einer zu sein. Vielleicht bin ich deswegen im Herzen immer ein wenig bohémien geblieben. Gute Musik und gute Freunde und hin und wieder etwas Gutes zu futtern – was braucht man eigentlich mehr, um glücklich zu sein?«

Patrick McDowell (64),
Liedermacher und Lebens-künstler, der an jenem denkwürdigen Abend bei McCartney's aufspielte

»Nie aufhören, neugierig zu sein. Nie aufhören, neue Bekanntschaften zu schließen, denn wer weiß, vielleicht werden daraus Freundschaften? Und gute Freunde braucht man im Leben immer.«

Die Sängerin Jenny McDowell (62),
Pat McDowells bessere Hälfte

»Das Geheimnis einer langen, glücklichen Ehe besteht darin, hat die Loren, glaube ich, einmal gesagt, dass beide Partner *immer ein wenig unverheiratet* bleiben. Auch hier gilt wie überall: Lass dich nie von der Routine unterkriegen! Nichts als selbstverständlich hinnehmen. Und nie anfangen, den ganzen Tag im Bademantel oder in einem *ausgebeulten Jogginganzug* durchs Haus zu tapern und nur noch die Kreuzworträtsel in den Illustrierten zu lösen. Das hält keine Ehe lange aus.
Wer auch mit achtzig noch ein erfülltes (Liebes-)Leben haben will, braucht sich nur ein paar ganz schlichte Tatsachen zu merken:

1. Frauen freuen sich *in jedem Alter* über Blumen – besonders über welche, die man in einem Blumenladen *gekauft* und nicht etwa im Stadtpark *gefunden* hat.
2. Und: Frauen freuen sich *in jedem Alter* über ein Kompliment. (Da die Kunst, Komplimente zu machen, jeden Mann *in jedem Alter* vor eine gewaltige intellektuelle Herausforderung stellt, tragen diese Komplimente auch zur Erhaltung seiner geistigen Fitness bei. Schon allein deswegen sollte man sich jeden Tag etwas Neues ausdenken.
3. Schwärme niemals von den Rouladen/Sauerbraten/ Kartoffelklößen deiner *Mutter*. Vor allem dann nicht, wenn du gerade die Rouladen/Sauerbraten oder Kartoffelklöße *deiner Frau* isst.

4. So du das Glück hast, mit einem wunderbaren Menschen zusammen zu sein, lass ihn niemals im Zweifel darüber, wie sehr du seine Gegenwart genießt. Und mach es dir zur Gewohnheit, ihm das am besten täglich auf die eine oder andere Weise mitzuteilen.

5. Vergiss nicht, dass wir nur deswegen achtzig oder neunzig Jahre auf diesem Globus herumlaufen, weil wir anderen das Leben erleichtern sollen – und nicht etwa erschweren. Diejenigen, die Stress machen, sterben früher, das hat die Wissenschaft eindeutig festgestellt.

6. Werde *niemals kleinlich und nie, nie, nie rechthaberisch*. Fang niemals eine Diskussion darüber an, von wem die Marmeladespuren an der Butter stammen. Mäkle nie am anderen herum. Das macht erstens schlechtes Blut und zweitens dicke Luft. Und außerdem stehen auf jeden Streit, den man vom Zaune bricht, *fünfzig Jahre Fegefeuer extra*, wie ich aus zuverlässiger Quelle (von Father Ted) erfahren habe.

7. Bedenke immer: Nichts macht so schnell alt wie dieser verkniffene Zug um den Mund, an dem die Sauertöpfe zu erkennen sind.

8. Vergiss nie, dem Menschen, mit dem du lebst, auch Gefallen zu tun, um die er dich *nicht* bittet. Höre überhaupt nie damit auf, auch auf das zu hören, was der andere *nicht* sagt: Lass nie zu, dass deine Sinne stumpf werden.«

Pat O'Shaugnessy (92),
ehemaliger Dorfarzt von Ballycotton

»Und fange vor allem nie an, dich über ›die Jugend von heute‹ auszulassen. Oder darüber, dass früher alles besser war und jetzt alles nur noch den Bach runtergeht.«
MAEVE O'DAUGHERTY (64)

»Niemand, der liebt, kann je wirklich alt werden.«
FATHER TED

»Mit fünfzig fängt's erst richtig an.
So wie eine gute Party erst nach Mitternacht
richtig gut wird.«
PETE MCCARTNEY (52), DER WIRT UNSERES PUBS

»Also stellen wir mal eines klar:
Wir sind nicht alt. Alt sind immer nur die Leute,
die fünfzehn Jahre älter sind als wir.«
DER AMERIKANER BRIAN SCHWARZ (55), DER SICH AN DIESEM ABEND AUCH IN DIESES WINZIGE DREIHUNDERT-SEELEN-NEST IM COUNTY CORK VERIRRT HATTE. »ES IST WIRKLICH EIN SEHR KLEINES DORF«, BEMERKTE ER, »WAS DARAN ERKENNBAR IST, DASS ES NUR FÜNF PUBS HAT.« BRIAN VERDANKEN WIR AUCH DIE DURCHAUS BEHERZIGENSWERTE EINSICHT, DASS MAN BLOSS NICHT ANFANGEN SOLL, SICH VON BIOGEMÜSE UND ANDEREN ALLZU GESUNDEN NAHRUNGSMITTELN ZU ERNÄHREN. DENN »WER JUNG BLEIBEN WILL, SOLLTE SO VIELE KONSERVIERUNGSSTOFFE ZU SICH NEHMEN WIE NUR IRGEND MÖGLICH«.

»Mein Tipp: auf Leute verzichten, die mit fünfzig
nur eine Menge vom Skifahren verstehen –
aber sonst nichts kapiert haben.«
BARBARA KELLY (53), OLYMPIASIEGERIN IM KUGELSTOSSEN

»Look at me, I'm old but I'm happy«

... sang Patrick McDowell an diesem Abend.
Der Song von Cat Stevens war sein wundervoller Beitrag
zum Gesprächsthema dieses Abends im Pub.

»Und selbst die Tatsache, dass wir immer noch
zusehen müssen, wie wir unsere Brötchen verdienen,
hat etwas für sich, denke ich manchmal. ›Because that keeps
you on your toes‹ – es hält dich in ständiger Bewegung.
Bloß nie anfangen, auf dem Sofa zu sitzen und
auf die Rente zu warten!«

Jenny McDowell

»Manchmal, muss ich sagen, kommen einem unterwegs
auch alte Freunde abhanden oder Menschen,
mit denen man einst befreundet zu sein glaubte.
Die aber irgendwann ganz offensichtlich auf einer
Entwicklungsstufe stehen geblieben sind, wie sie für
Schnäppchenjäger und andere Krämerseelen typisch ist.
Hier gilt: Leute, die in ihrem Leben bisher nichts weiter
gelernt haben, als dass man sich Kostenvoranschläge
immer schriftlich geben lassen muss und dass sich
überall noch was rausholen lässt, braucht man
irgendwann nicht mehr zum Essen einzuladen.«

Justin Ordway (55),
Besitzer von Ordway's Pub and Grocery, den wir zu
vorgerückter Stunde auch bei McCartney's trafen

»Ist doch nicht wichtig, wie alt man wirklich ist.
Man muss *bloß leuchten*.«
DIE MALERIN NUALA FINNEGAN (79)

»›Ich bin noch nicht alt,‹ hat Tina Turner unlängst
auch gesagt. Sie ist inzwischen *dreiundsiebzig*, hat gerade
ein neues Album herausgebracht und läuft immer noch
genauso hurtig auf ihren sensationellen Beinen
durchs Leben wie einst im Mai ...«
PAT MCDOWELL

»Mit vierzig ist man endlich raus aus dem Alter,
da man alles richtig machen will – und das ist eine
Eigenschaft, mit der sich vor allem Frauen jahrelang,
jahrzehntelang herumschlagen.
Aber dann kommt man eines schönen Tages darauf,
dass sich Kinder, Küche und Karriere doch nicht ganz
so problemlos unter einen Hut bringen lassen,
wie man immer dachte. Bis vierzig zieht einem das Leben
so manchen Zahn, und das ist einer davon.
Aber wissen Sie was, eigentlich ist das auch ganz gut so.
Wenn wir Stress, übermäßigen Stress, endlich als das
erkennen, was er ist, nämlich zum größten Teil *überflüssig*,
dann kann man endlich zum entspannten Teil
des Lebens übergehen ...«
CAIT MCPHERSON (45), ZAHNÄRZTIN (DESWEGEN WEISS SIE DAS
MIT DEN ZÄHNEN, DIE EINEM DAS LEBEN GERN ZIEHT, AUCH SO
GENAU. ABER SOLANGE ES KEINE BACKENZÄHNE SIND, FÜGTE SIE
NOCH HINZU, IST EIGENTLICH ALLES IM GRÜNEN BEREICH.)

»Es gibt ein paar Dinge, die sämtliche Pillen und Pülverchen und Stärkungsmittel überflüssig machen:
1. Enthusiasmus
2. Liebenswürdigkeit
3. Humor
4. Gelassenheit
5. Liebe [70]
6. Gute Manieren
7. Neugier
8. Dieses Blitzen in den Augen, das die Feuerköpfe auszeichnet
10. Idealismus
11. Engagement und last not least
12. Lust am Lernen

Sieh zu, dass du keines Punktes auf dieser Liste vorzeitig verlustig gehst. Dann brauchst du dir weder um dein Immunsystem Gedanken zu machen noch um vorzeitiges Vergreisen oder was man uns sonst noch alles gern in Aussicht stellt.«
NOCH EINMAL PAT O'SHAUGNESSY

---

[70] »Learning and sex until rigor mortis!« (frei übersetzt in etwa: Lernen und Sex bis zur Löffelabgabe), riet Pat O´Shaugnessy an diesem Abend auch. Ich habe das durchaus beherzigenswerte Zitat nicht so direkt in den Text zu schreiben gewagt, ist ja doch ein wenig krude …

»Frauen werden erst mit fünfzig so richtig interessant.
Allerdings nur solche, die es gewohnt sind,
äußere Schönheit als Gnade und nicht
als persönliches Verdienst zu betrachten …«
William O'Neill (69) alias »William the Conqueror«

»Was ich mir heute am meisten wünschen würde?
Einen Vaterschaftsprozess, schätze ich mal!«
James Donahue (89), mit einem deutlich
wahrnehmbaren Augenzwinkern hinter
den dicken Brillengläsern

»Die Angst davor, alt zu werden.
Die Angst davor, dick zu werden.
Die Angst davor, den Erwartungen anderer nicht zu genügen
– das war in jungen Jahren kein geringer Stressfaktor.
Aber mit fünfzig hat man das alles hinter sich.
Dann fängt der angenehmere Teil des Lebens an.«
Cait Malloy (51)

»Vor allem darf man sich nie dazu herbeilassen,
der Vergangenheit nachzutrauern. Denn nichts macht
schneller alt als das Bedauern verpasster Chancen.
Manchen Menschen scheint es ja geradezu Lust zu bereiten,
sich den lieben langen Tag mit dem Gedanken zu quälen,
wie viel besser sie es getroffen hätten, wenn sie damals dies
oder jenes gemacht bzw. gelassen hätten. Dann wäre
alles anders gelaufen. Klar. Aber es wäre nicht unbedingt

besser gelaufen. Was man mit derlei Bedauern erreicht, ist:
1. bekommt man davon einen Teint wie eine Galapagos-Schildkröte und 2. kriegt die Pupille einen Knick genau da, wo das Auge die Chancen, die jeder neue Tag uns bietet, wahrnehmen würde.«

Jenny O'Flanahan (54)

»*Alt ist, wer findet, er habe in seinem Leben nun genug gelernt.*
Und zu dem Schluss kommen tragischerweise oft schon sechszehnjährige Schüler. Sie sind *älter als* so mancher Achtzigjährige, der jung bleibt, eben weil es noch jede Menge zu lernen und zu lesen gibt.
Wichtig: Nie mit dem Lesen aufhören!
Nie damit aufhören, sich um Wissen und Weisheit zu bemühen! Und selbst, wenn die Augen eines Tages nicht mehr so richtig mitmachen wollen, findet sich immer noch ein Enkel, den man bestechen kann, einem was vorzulesen. Wozu hat man sie denn?
(Und außerdem habe ich die Erfahrung gemacht, dass sich aus derlei Sitzungen die interessantesten, aufschlussreichsten Gespräche über Rollerblades und Mathenoten ergeben und auch Eltern und Akne und andere Widrigkeiten, die den Jungen heute zwischen fünfzehn und fünfundzwanzig das Leben nicht gerade leicht machen.)«

Der Architekt James McCarthy (95), der im Alter von 66 in Skibbereen eine Buchhandlung eröffnete und dort immer noch drei, vier Stunden am Tag arbeitet

»Je älter ich werde, desto schöner wird das Leben.«
Patrick O'Sullivan (92), Bienenzüchter

♣

»Bloß nie anfangen von morgens bis abends zu *relaxen*,
wie es eine smarte Jungmacher-Industrie
als wünschenswert darstellt.
Nicht mit dieser ›*Jetzt bin ich dran*‹-Einstellung
auf Mallorca rumhängen und die Rente verballern!«
Der Schriftsteller Hans-Peter Beck (55), den wir
an diesem Abend ebenfalls in McCartney's Pub trafen.
Er verbringt seit dreissig Jahren jeden Sommer
auf dieser Insel, auf der er jeden Weg und Steg kennt.

♣

»Glück, das hat auch etwas mit unserer Fähigkeit zu tun,
Glück überhaupt zu definieren. Und da haben wir alten
Grauhaardackel die weitaus besseren Karten,
scheint mir, schon allein, weil, wer klug ist, sich mehr Zeit
zum Nachdenken nimmt und darauf kommt,
dass es tausend Dinge in unserem Leben gibt,
für die wir dankbar sein können – weil sie nämlich alles
andere als selbstverständlich sind, wie wir damals dachten,
als wir jung waren. Ich muss Ihnen sagen, ich bin sogar
für den Pass dankbar, den ich in der Tasche trage
und der mir erlaubt, auf dieser schönsten aller Inseln
zu leben – statt auf Cuba. Oder andernorts
auf diesem Globus, wo man schon zusehen muss,
dass man überhaupt in die Jahre kommt.«
Paddy Doyle (65)

»Mit vierzig fängt man an,
sich für die richtigen Dinge Zeit zu nehmen.
Weil man dann ihren *Wert* erkennt
und nicht nur ihren *Preis*.«
FIONA MCDONALD (45), TAXIUNTERNEHMERIN

»Ich fühle mich heute, mit 103, auch nicht wesentlich älter
als mit 40, im Juni meines Lebens. Auch tue ich noch fast
genau dasselbe. Ich arbeite jeden Tag mein Pensum ab,
lese, lerne Rollen auswendig und trinke des Abends,
bevor ich ins Theater gehe, ein, zwei Stouts und nach
getaner Arbeit auch noch mal. Wegen der Bettschwere.
Der einzige Unterschied zu früher besteht vielleicht darin,
dass ich heute auch die Rollen einstudiere,
die eigentlich nicht zu meinem Repertoire gehören.
Und das, muss ich Ihnen sagen, hat sich als so unerhört
interessant erwiesen, dass ich noch nicht
die geringste Lust verspüre abzutreten.
Man gewinnt ständig neue, faszinierende Einsichten.
Shakespeare habe ich erst jetzt wirklich verstanden.
Toller Bursche, muss ich schon sagen.
Ripeness is all …«
CHARLOTTES VATER, DER 103-JÄHRIGE DANIEL O'NEILL,
DER IMMER NOCH MINDESTENS DREIMAL IN DER WOCHE
IN SEINEM THEATER IN SKIBBEREEN SOUFFLIERT UND DORT
AUCH MEIST IM VEREIN MIT SEINEM BESTEN FREUND,
DEM OBEN GENANNTEN FATHER TED,
EIN WENIG SEELSORGE BETREIBT.

»Der Trick ist: Nie anfangen Dinge zu tun,
die man sich für die Zeit aufsparen kann,
da man sich wirklich so alt fühlt, wie man ist.
Nie anfangen auf der Parkbank zu sitzen
und Tauben zu füttern. Nie anfangen sich die Zeit
zu vertreiben und auf den Moment zu warten,
da man den Löffel abgibt.«
James Malloy (79), Tierarzt, der sich noch nicht dazu
entschliessen konnte, seine Praxis aufzugeben

»Nie aufhören zu lieben, zu lernen, zu wachsen.
Und immer versuchen, im nächsten Jahr
ein bisschen weiser zu sein.«
Fionnuala MacCarthy (65), Mutter von acht Kindern

»Wissen Sie, man kann zwar nicht viel dagegen tun,
dass man älter wird, aber man kann sehr wohl verhindern,
dass man alt wird. Ich halte es mit dem von mir sehr
verehrten Pablo Casals, der im stolzen Alter
von 97 Jahren gemeint hat: Man bleibt jung,
solange man lieben und bewundern kann.
Und das, scheint mir, ist bemerkenswert richtig.«
Der Musiker Pete O'Neill (68), einer von Charlottes
und Sophies unzähligen Cousins

»Leute, die sich zu alt zum Lernen fühlen, waren wahrscheinlich immer schon zu alt zum Lernen, schätze ich mal.«
Die Lehrerin Maeve Donahue

»Man bleibt nicht jung, indem man
eine ruhige Kugel schiebt. Verloren hat man schon,
sobald man findet, dass man mit Rasenmähen,
Müllraustragen und dem Vergleichen
von Sonderangeboten genug zu tun hat.
Setz dir immer Ziele. Echte Ziele, die dich fordern.
Höre nie auf, die Welt zu verbessern.
Das ist das Geheimnis der Leute,
die auch mit neunzig noch dieses Blitzen
in den Augen haben.«
Pat O'Shaugnessy

»Mit zwanzig weiß man alles.
Mit dreißig wird man erwachsen, wenn man langsam
darauf kommt, dass man doch nicht alles weiß.
Mit vierzig erkennt man, was man alles vergessen kann.
Mit fünfzig wird man gelassen,
mit sechzig weise,
mit siebzig lacht man über das ganze Theater.
Mit achtzig fängt, wer Talent hat zum Glück,
noch mal was ganz Neues an.
Mit neunzig hat man jeden Tag Geburtstag
und mit hundert gute Chancen,
ins Guinnessbuch der Rekorde zu kommen.«
Der neunundneunzigjährige Bergsteiger
Daniel McCarthy

»Man muss, um jung zu bleiben, immer ein bisschen unrealistisch bleiben. Die Blauäugigen bleiben einfach jünger. Die Weltverbesserer, die mit achtzig noch am Puls der Zeit sind, lesen, lernen, lieben und sich nützlich machen. Das ist eigentlich das ganze Geheimnis.«
JAMES MALLOY (79)

Das waren sie, die gesammelten Weisheiten meiner neuen irischen Freunde und ihre ganz persönlichen Ansichten übers Älterwerden und Jungbleiben. Dafür habe ich gerne eine Wette verloren. Und darauf mussten wir natürlich, kurz vor meinem Abflug nach Deutschland, mit einem Gläschen Bushmills (oder auch zwei oder drei …, ich erinnere mich nicht mehr so genau) anstoßen.

Ich wünsche Ihnen, liebe Leser, ein langes und irre schönes Leben. »*A kent annos*« – sagt man auf Korsika, wo die meisten Hundertjährigen der Welt zu Hause sind. »Auf dass du hundert Jahre alt werden mögest!«, worauf der so Beglückwünschte antwortet: »Ja, und mögest du sie zählen!«

Herzlichst: Ihre Eva-Maria (»Mariechen«) Altemöller
Lindau am Bodensee, im Frühjahr 2006